Birgit Faschinger-Reitsam

# Wenn Tango Leiden schaf(f)t

**Mit glücklichen Füßen genussvoll tanzen**

**Impressum**

© 2016 Birgit Faschinger-Reitsam

Umschlaggestaltung und Layout: Sabine Paul
Lektorat: Cornelia Rüping
Bildnachweis und Copyright Seite 127

Verlag: tredition GmbH, Hamburg

ISBN Taschenbuch: 978-3-7345-6303-4
ISBN e-Book: 978-3-7345-6304-1

**Für Fritz**

¡El tango te espera!
- Der Tango wartet auf Dich!

**Wichtig:** Der Inhalt dieses Buches beruht auf eigenen Erfahrungen und dient ausschließlich zur Information. Es ersetzt weder die Diagnose noch die Behandlung durch einen Arzt. Die Anwendung der vorgestellten Maßnahmen erfolgt prinzipiell auf eigene Gefahr. Haftungsansprüche in jeglicher Form und Weise, die sich durch Umsetzung und Anwendung von Informationen aus diesem Buch ergeben könnten, sind grundsätzlich ausgeschlossen.

# Inhaltsverzeichnis

Einleitung . . . . . . . . . . . . . . . . . . . . . . . . . . . . . . . . . . . . . . . . 9
1. Fußprobleme sind nicht nur Fußprobleme . . . . . . . . . . . . 13
2. Schmerzen machen Sinn . . . . . . . . . . . . . . . . . . . . . . . . . 15
3. Ursachenforschung – Finde dein Warum . . . . . . . . . . . . . . 19
4. Was wir von Profis lernen können . . . . . . . . . . . . . . . . . . 25
5. Tanzschuhe die zu dir passen . . . . . . . . . . . . . . . . . . . . . . 27
6. **Katharina Borst**
   – Vorteile hoher Hacken . . . . . . . . . . . . . . . . . . . . . . . . . . 33
7. Wie du deine »alten Schuhe« loswirst . . . . . . . . . . . . . . . . 39
8. **Rita Caldas**
   – nichts für brave Mädchen . . . . . . . . . . . . . . . . . . . . . . . . 43
9. Gepflegte Füße spüren mehr . . . . . . . . . . . . . . . . . . . . . . 49
10. Auf du und du mit deinen Schuhen . . . . . . . . . . . . . . . . . 53
11. **Edeltraud Breitenberger**
   – Gehen ist keine Sensation, deshalb mache eine daraus . 57
12. Glückliche Füße . . . . . . . . . . . . . . . . . . . . . . . . . . . . . . . . 63
13. Grounding – Kontakt zur Erde . . . . . . . . . . . . . . . . . . . . . 67
14. **Sonja Zepner**
   – Bewegungsqualität . . . . . . . . . . . . . . . . . . . . . . . . . . . . 69

15. Die eigenen Füße spüren . . . . . . . . . . . . . . . . . . . . . . . . . . . 75

16. Vom Folgen und Führen. . . . . . . . . . . . . . . . . . . . . . . . . . . . 79

17. Wie du deinen Körper einstimmen kannst. . . . . . . . . . . . . 83

18. Achtung Überfall . . . . . . . . . . . . . . . . . . . . . . . . . . . . . . . . . 85

19. Tango-Feng-Shui. . . . . . . . . . . . . . . . . . . . . . . . . . . . . . . . . 87

20. Nach dem Tanzen . . . . . . . . . . . . . . . . . . . . . . . . . . . . . . . . 89

21. Was passiert, wenn du tanzt? . . . . . . . . . . . . . . . . . . . . . . . 91

22. Was passiert, wenn du schläfst? . . . . . . . . . . . . . . . . . . . . . 93

23. **Helga Seyb**
 – in deiner Achse stehen . . . . . . . . . . . . . . . . . . . . . . . . . . . 95

24. Warum Dehnen so wichtig ist . . . . . . . . . . . . . . . . . . . . . 101

25. Hilfe bei körperlichen Problemen . . . . . . . . . . . . . . . . . . 105

26. Drück auf die richtigen Knöpfe . . . . . . . . . . . . . . . . . . . . 109

27. Sinnliches Tanzen fängt im Alltag an. . . . . . . . . . . . . . . . 113

28. Übungen für deine Füße . . . . . . . . . . . . . . . . . . . . . . . . . 115

Nachwort . . . . . . . . . . . . . . . . . . . . . . . . . . . . . . . . . . . . . . . . . 119

Über die Autorin . . . . . . . . . . . . . . . . . . . . . . . . . . . . . . . . . . . 123

Glossar . . . . . . . . . . . . . . . . . . . . . . . . . . . . . . . . . . . . . . . . . . .

Bonus . . . . . . . . . . . . . . . . . . . . . . . . . . . . . . . . . . . . . . . . . . . .

Danksagung . . . . . . . . . . . . . . . . . . . . . . . . . . . . . . . . . . . . . . .

# Einleitung

Eigentlich bin ich gut beschäftigt in meinem Job als Spezialistin für betriebliche Altersvorsorge. Einer sehr männlich geprägten Welt. Seit über 25 Jahren bin ich die taffe, erfolgreiche Businessfrau. Das kostet ziemlich viel Kraft neben Haushalt, Kindern und pflegebedürftigen Eltern.

Als Ausgleich habe ich den argentinischen Tango für mich entdeckt und tanze mit meinem Mann leidenschaftlich gerne.

Als ich Mitte 2014 wegen massiver Fußprobleme das Tanzen immer wieder unterbrechen musste, fing ich an, mich intensiv um meine Füße zu kümmern. Die ersten Ratschläge wie »Nie wieder hohe Schuhe tragen«, bis hin zu »Einlagen besorgen« und »Wenn es ganz schlimm kommt, lass dich operieren«, ließen meine Stimmung in den Keller sinken. In dieser Phase bekam ich mit, dass sehr viele Tänzerinnen ähnliche Probleme haben und deswegen nur noch selten tanzen oder ganz damit aufgehört haben.

Mein Leidensdruck wurde deutlich erhöht, weil mein Mann weiter tanzte und ich... ganz viel dazu lernte. Vieles davon kannst du auf meinem Blog: www.Draufgängerin.de lesen.

### Mitten im Wechsel und mitten im Wandel

Wen das Universum liebt, dem schickt es eine Krise. Als sich scheinbar Türen für mich schlossen, war ich »zufällig« als Assistentin bei einem Seminar, darüber wie frau ihr Dharma, ihre Berufung finden kann. Auf dem Heimweg wurde mir klar: »Füße sind mein Ding«.

Die Qualität meiner Fragen änderte sich. Von »Warum muss das mir passieren?« über »Warum tue ich mir das an?« wurden sie immer feiner und mündeten in »Was weiß ich wirklich von mir und meinem Körper?« bis hin zu »Was will ich nicht sehen?«. Die Krise warf mich auf mich zurück, ich konnte neu beginnen. Mein Leben änderte sich, weil ich diesmal nicht davonlief, meine Augen nicht vom Schmerz abwendete. Ich lernte neue »Sprachen«, lernte Dinge, die für mich nicht in Worte zu fassen waren, mit meinem Körper, durch Tanzen und später im Schreiben auszudrücken. Neue Türen taten sich auf.

Wenn du Fußprobleme hast, sind sie langsam entstanden. Vielleicht, weil du zu viel getan hast. Oder zu wenig. Es kann sein, dass du kein Gespür für das Notwendige hattest. – Wie bei vielen war das auch bei mir so. Mittlerweile tanze ich wieder. Wenn ich heute zurückblicke auf die Zeit, in der ich mit Fußschmerzen zu Bett ging und mit Schmerzen wieder aufwachte; als ich nicht barfuß gehen konnte und mich wochenlang nur mit ollen Treckingsandalen und Turnschuhen bewegt habe, bin ich ziemlich dankbar, für das, was ich alles lernen und erfahren durfte.

Heute tanze ich drei- bis viermal die Woche und fühle mich auf sechs Zentimetern wohl. Ab und zu sagt mir mein Fuß, »Jetzt reicht's«, dann lass ich es gut sein. Dafür tanze ich jetzt besser und mit deutlich mehr Genuss als vorher.

Seit dieser Zeit sammle ich alles Wissen rund um das Thema Füße und Körperspüren und möchte dir zeigen, wie du einen liebevollen Zugang zum anderen Ende deines Universums bekommst.

In diesem Buch bekommst du die Tipps, die ich mir damals gewünscht hätte. Als Sahnehäubchen teilen fünf Profifrauen – allesamt Tänzerinnen, die sich auf Füße verstehen – ihre Schätze mit uns.

**Dieses Buch ist für dich richtig,**

- wenn du Fußprobleme hast und vielleicht schon überlegst, ob du das Tanzen an den Nagel hängen sollst. Auch bei anderen körperlichen Beschwerden, wie Schulter-, Hüft- und Knieproblemen wirst du wertvolle Einsichten gewinnen.
- wenn du genussvoller tanzen und schöne Beintechniken einsetzen möchtest. Du bekommst hier grundlegende Informationen, mit denen du mehr Gespür in deinen Füßen entwickeln wirst.
- Und wenn du einfach etwas für deinen Körper tun willst, dann kannst du ebenfalls Schätze entdecken und signalisierst ihm, dass du ihn wertschätzt.

Wahrscheinlich bereichert es dich schon, wenn du diese Informationen nur liest. Ich hätte mir so einen Input damals sehnlichst gewünscht. Allein was ich durch die Interviews erfahren durfte, hat mir für den Tanz und mein Körpergefühl unglaublich viel gebracht.

Damit du möglichst viel profitierst, möchte ich dich einladen, die Übungen und Anregungen auszuprobieren und immer wieder nachzuspüren, was sich verändert und wie sich die Bewegungen anfühlen. Dazu möchte ich dir ans Herz legen, ein Tagebuch zu führen.

»Ein Problem löst frau nicht,
indem sie ihm davonläuft«

# 1

# Fußprobleme sind nicht nur Fußprobleme

Mein Tangolehrer bringt manchmal den Spruch: »Das Bein fängt beim Brustbein an«. Ich würde noch eins draufsetzen: »Der Fuß fängt beim Scheitel an«. Alle Teile unseres Körpers sind miteinander verbunden. Über unsere Faszien (Bindegewebe) können zum Beispiel Knieprobleme zu Nackenverspannungen führen. Denke an die Meridiane, die durch deinen Körper verlaufen. Vielleicht kennst du auch Ohr- oder Fußreflexzonen. Fachleute können am Ohr, an den Füßen, aber auch an den Händen und Augen jeden Teil deines Körpers gespiegelt sehen.

Körperliche Probleme sind zudem mit unserer inneren Haltung gekoppelt. Denke nur daran, dass uns zum Beispiel ein Gefühl von Angst zu einem runden Rücken, hochgezogenen Schultern und einem gesenkten Blick veranlasst. Solche Verknüpfungen laufen automatisch ab, bis wir uns ihrer bewusst werden.

**Fußprobleme sieht »Mann«**

Ich habe erkannt: Wenn mich meine Füße schmerzen, sind meine Gesichtszüge nicht weich. Meine Augen strengen sich an. Eine verhärtete Fußsohle geht meist einher mit einer verspannten Kopfhaut. Und dies sind nur Spiegelungen im Bereich des Kopfes. Fußprobleme wirken sich auch auf unseren Beckenboden, die Nackenpartie und die gesamte Wirbelsäule aus. Wie du siehst, macht es Sinn, dich gut um deine Lieben am anderen Ende deines Universums zu kümmern.

Mit körperlichen Auswirkungen ist es aber nicht getan. Auch unsere Psyche leidet: Gerade weil ich selbst durch dies hindurchgegangen bin, weiß ich, was Fußprobleme für dich bedeuten können – vor allem, wenn du dadurch ausgebremst wirst, nicht mehr mithalten kannst und von einer Welt, die dir viel bedeutet, ausgeschlossen wirst. Und nicht zuletzt gehen Fußprobleme häufig mit dem Verlust von Selbstsicherheit einher. Wir fühlen uns unserer Weiblichkeit beraubt. Denn ganz ehrlich: Einlagesohlen sind nun mal nicht sexy.

# 2

# Schmerzen machen Sinn

Lass uns beginnen. Mit deinen Fußschmerzen. Dir tun die Füße weh. Und das ist gut so. Wie bitte? Dir tun die Füße weh, du kannst nicht mehr tanzen! Und nun liest du, dass das gut sein soll?

An dieser Stelle sei gesagt, dass das hier ist kein Ratgeber ist, à la was tun gegen Spreizfuß. Ich will viel mehr für dich. Lässt du dich darauf ein?

Dann beginnen wir gleich damit: Schmerzen sind ein Geschenk.

Uns tut etwas weh. Was ist die gängige – gelernte Reaktion darauf? Wir wollen die Schmerzen weghaben. Aber was, wenn dir die Schmerzen etwas sagen wollen? Und du nicht hinhörst? Darüber hinweggehst, quasi auf der Leitung stehst? Dann muss dein Körper noch deutlicher werden.

Schmerzen können eine Warnung sein: »Bis hierhin und nicht weiter.«. Sie können dir sagen: »Das fühlt sich gar nicht gut an – was machst du mit mir?« Ganz häufig werden sogar Heilungsschmerzen als lästig empfunden, obwohl unser Körper dadurch anzeigt: »Ich repariere uns gerade, lass mir ein wenig Zeit.« Schade also, dass wir uns betäuben, sei es durch Medikamente, Alkohol oder Glückshormone durch berauschende Tänze, und uns so von diesen Botschaften abschneiden.

Nimm dir kurz Zeit und schreibe auf: Was sind deine üblichen Reaktionen auf Schmerz? Es ist wichtig, dass du dir darüber bewusst wirst.

## Schmerzen machen Sinn

In meinen vielen Gesprächen mit betroffenen Frauen, höre ich immer wieder: »Ich habe schon alles getan und nichts hat geholfen.« Auch ich habe anfangs all meine Hoffnung auf das Tun gelegt. Tun alleine, noch dazu lieblos oder routinemäßig, bringt uns nicht weiter. Als ich Zusammenhänge erkannte, kamen Impulse zum Handeln zum richtigen Zeitpunkt. Aus dem reinen Üben wurde so zunehmend ein Erforschen meines Körpers und es wuchs ein tiefes Verständnis. Und wie von Zauberhand zog ich dann auch die richtigen Menschen an, die mir mit Rat und Tat helfen konnten.

> Mentaltipp gegen Schmerzen: Tippe mehrmals auf dein Brustbein und sprich dabei einen Satz, der dich vielleicht erst mal mit den Augen rollen lässt: »Auch wenn mich mein (setze hier die schmerzende Stelle ein) plagt und ich heute nicht tanzen kann, liebe und wertschätze ich meinen Körper von ganzem Herzen.«

Auch ich habe Mühe, mir diesen Satz abzuringen, wenn es mir schlecht geht, obwohl ich gleichzeitig spüre, wie heilsam er ist. Schmerzen sind unter anderem dazu da, uns in unsere Selbstliebe zu bringen. Dieser Satz ist ein großer Schritt in diese Richtung.

Schmerzen geben dir die Möglichkeit, etwas zu ändern. Alte Gewohnheiten zu überprüfen und Dinge auf den Kopf zu stellen. Durch neue Denkmuster kannst du Einfluss auf deinen Körper nehmen. Und – fast noch spannender - dein Körper kann dir helfen, neue Verknüpfungen in deinem Nervensystem und Gehirn zu bilden. Nutze diese Chance, dein Erleben positiv zu verändern.

## Möchtest du etwas ändern?

Deine Füße sind sauer, dein Körper ist beleidigt. Geh nicht weiter über dich hinweg. Sanftmut und Entschlossenheit, ein paar Dinge in deinem Leben zu ändern, werden sich für dich auszahlen. Dein Körper folgt deinem Geist, deshalb findest du hier Affirmationen:

> »Ja, ich bin bereit. Ich schätze und ehre meinen wundervollen Körper.«

Auch wenn du meinst, dass nur du betroffen bist: Du bist nicht allein! Fußprobleme, vor allem im Zusammenhang mit Tanzen, sind sehr häufig verbreitet, wie folgende Aussagen zeigen:

- *Die Ballen fangen an zu brennen, dann heftig zu schmerzen und hinterher hab ich Gefühlsstörungen*
- *Ich habe seit geraumer Zeit Probleme mit den Ballen, die jedoch immer schlimmer werden.*
- *Seit letztem Wochenende kann ich kaum noch Treppen steigen, geschweige denn noch normal gehen!! Und so ist es passiert: Ich war am Wochenende auf einem Tangomarathon...*
- *Ich tanze Standard-Latein. Bei intensiverem Training bekomme ich Fußschmerzen*
- *Nach einem Jahr Tanzpause habe ich nun wieder zwei Stunden Tango getanzt und musste wegen der Schmerzen im Vorderfuß doch wieder aufhören. Ich vermute ja, dass es dem Fuß jedenfalls nicht hilft, weiterzutanzen, sodass ich mich leider, leider vom Tanzen verabschieden muss. Sehr, sehr schade!*
- *Nach einem halben Jahr mit intensivem Tangotanzen bekam ich starke Fußschmerzen. Nach ein paar Wochen wurde diagnostiziert, dass ich mir am rechten Fuß die Mittelfußknochen aufgrund eines Senk-/Spreiz-/Knickfußes durchgetreten hab*

»Tanzen ist die Poesie des Fußes.«

*~John Dryden*

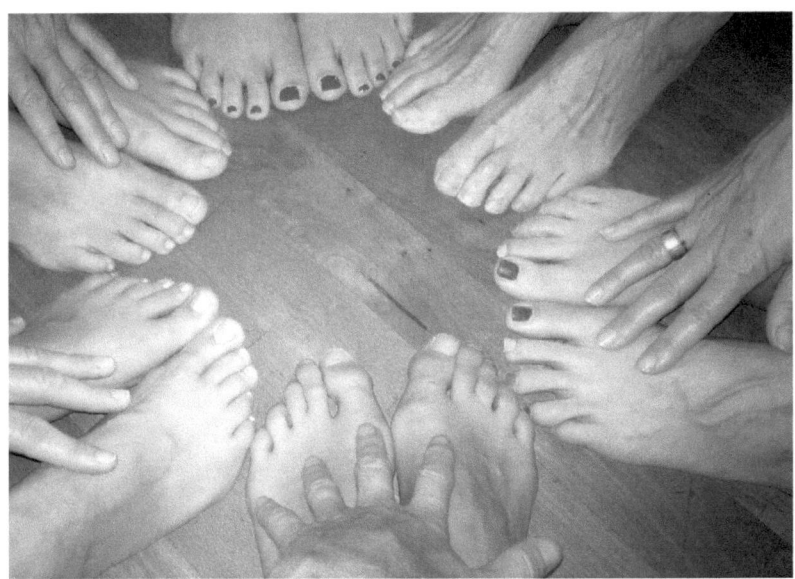

# 3

# Ursachenforschung
# – Finde dein Warum

Warum schmerzen uns die Füße vom Tanzen? Tanzen beflügelt uns – aber unsere Flügel müssen sich erst entfalten. In den vielen Gesprächen, die ich mit betroffenen Frauen geführt habe, wurde mir klar: **Tanzen ist mehr.**

Wenn du deiner Freundin begeistert erzählst, dass du beim Tanzen warst, gibt das die Gesamtsituation nur ansatzweise wieder. Tatsächlich besteht so ein Tanzvergnügen aus einer wilden Mischung von Sinneseindrücken, glücklich verschwitzten Kleidern, innigem Kontakt und dem Gefühl, lebendig zu sein und sich weiblich zu fühlen. Klar, dass das süchtig machen kann.

Deshalb sind wir bereit, tiefer einzutauchen in diese neue und gänzlich andere Welt. Wir sind fasziniert davon und wollen gleich mitmischen. Dabei orientieren wir uns an den »Großen«, eifern Tänzerinnen nach, die wahrscheinlich schon zehn Jahre Tanzerfahrung haben obwohl wir vielleicht noch in den Anfängen stecken.

**Nimm dir zwei Minuten Zeit und frage dich: »Was gibt mir das Tanzen?«**

Es ist wichtig, dass du dir Klarheit darüber verschaffst. Damit eröffnet sich dir die Möglichkeit, dir das selbst zu geben, was du so dringend brauchst – auch unabhängig vom Tanzen.

*»Was es für mich bedeutet, wenn ich nicht mehr tanzen kann? Das wäre sehr schlimm. Sehr schlimm.« – Anita*

Wenn du dir klarmachst, warum du dich um deine Füße kümmern möchtest, bist du motivierter. Ich kann zwar nur für mich sprechen, aber weiter tanzen zu können ist für mich Grund genug. Dabei fühle ich mich lebendig und kann meine Weiblichkeit ausdrücken.

*»Tanzen ist mehr als Tanzen für mich. Ich blühe auf, fühle mich attraktiv, ich liebe dieses Spiel von männlich und weiblich, dieses Gefühl, mit meinem Partner wie ›ein Körper‹ zu sein.« - Annabelle*

*»Beim Tango kann ich meine weibliche Seite ausdrücken. So wie als kleines Kind, da habe ich mich auch gerne wie eine Prinzessin verkleidet. Im Alltag renne ich immer in Hosen rum.« - Gisela*

Schreibe auf, was dir Tanzen bedeutet. Spüre deinem Warum nach.

## Dein Einstieg

Ich wünsche dir, dass du nach der Lektüre dieses Buches ein deutlich besseres Fußgefühl hast. Mehr oder wieder Freude am Tanzen gewinnst. Du dich sinnlich und präsent bewegst und jeden Schritt, jede Bewegung genießt.

Nimm dir eine Minute und blicke zurück. Wie war dein Einstieg ins Tanzen? Wenn du Probleme mit deinen Füßen, Knien, Schultern hast, wann fingen die Beschwerden an? Damit sind wir schon beim ersten Augen öffnenden Punkt: Viele von uns sind übereifrig und begeistert und stürzen sich voller Elan ins Vergnügen. Dabei haben wir anfangs noch nicht dir richtigen Schuhe, von der Technik ganz zu schweigen und auch unserem Körper sind die Bewegungsabläufe noch nicht in Fleisch und Blut übergegangen. Vielleicht sind Knochen, Sehnen und Bänder schlichtweg überfordert.

## Ursachenforschung

Fußprobleme haben vielfältige Anlässe. Vererbung. Unvernünftige Schuhauswahl. Auch das Alter muss häufig herhalten. Diese drei Punkte möchte ich nur bedingt gelten lassen. Viel zu einseitig ist diese Betrachtungsweise. Und bequem für alle, die die Verantwortung für ihre gesundheitlichen Probleme gerne abgeben.

Ich habe mich auf die Suche nach den wirklichen Ursachen gemacht und bin zu erstaunlichen Erkenntnissen gekommen. Rein körperlich gesehen sind Fußschmerzen eine Verkettung ungünstiger Umstände. Selbst eine Schonhaltung nach einer Schleimbeutelentzündung an der Schulter kann dein Gangbild verändern. Vor allem aber Knie- und Hüftprobleme wirken sich unmittelbar weiter nach unten aus. Ein schwacher Beckenboden zieht eine lasche Fußhaltung nach sich und nach oben hin kann sich ein Witwenbuckel entwickeln. Interessant finde ich die Frage, warum ist ein

Beckenboden ohne Spannung, sind Knie nicht richtig ausgerichtet und die Haltung als verbesserungswürdig betrachtet werden muss?

**Was meinst du?** Könnte nicht Scham eine ganz große Rolle spielen? Sie hat einen wesentlich stärkeren Einfluss auf unsere Körperhaltung als irgendwelche Schuhe. Und Stress, wenn die Chemie mit dem Tanzpartner nicht stimmt? Wir anfangs mit feuchten Händen die ersten Schritte erlernen und uns gegenseitig nervös machen?

Auch das »Es-allen-recht-Machen« spielt hier mit hinein. Im Unterricht nicht »dumm« dastehen, wenn eine Schrittfolge nicht gleich klappt. Beim Tanzen nicht abschalten können, weil andere zukucken könnten.

Viele Muster, die in uns wirken, haben wir nicht geerbt, sondern ungeprüft in frühester Kindheit von unseren meist weiblichen Vorbildern (Mutter, ältere Schwestern, Tanten) abgeschaut und übernommen. Bestimmte Haltungen – innerlich wie körperlich – haben eine Auswirkung auf unsere Füße. So pressen manche von uns verschämt die Knie zusammen, was zu X-Beinen und in der Folge zu Knick-Senkfuß und Hallux valgus führt.

Sogar was unsere Schuhauswahl angeht, sind wir konditioniert. Ob wir uns übergehen und im Alltag stundenlang unbequeme, vielleicht sogar abgetragene Schuhe tragen oder auf bequemem Schuhwerk fest auf der Erde stehen, hat viel mit unseren Vorbildern und Rollenbildern zu tun.

Mir persönlich fiel es schwer, mir selbst einzugestehen, dass ich mich die erste Zeit verstellt habe. Nicht authentisch getanzt habe, besser sein wollte, die Grenzen, die mir mein Körper setzte, nicht beachten und meine Nervosität überspielen wollte. Körperlich gesehen wurde mir klar, dass ich mir selbst keine Freundin war. Deutliche Signale meines Körpers missachtet habe. Entspannung,

Dehnung, Stärkung der winzigen Muskeln im Fuß. Fehlanzeige. Ich habe einfach drauflos getanzt und vorausgesetzt, dass mein Körper das alles klaglos mitmacht. Selbst die Basics, wie genug Wasser zu trinken, habe ich vernachlässigt. Dass mein Körper mit Schmerzen reagierte, war nur folgerichtig. Als ich anfing, auf meinen Körper zu hören, hat sich für mich alles geändert.

»Glück ist, wenn der Verstand tanzt,
das Herz atmet und die
Augen lieben«

# 4

# Was wir von Profis lernen können

Ich war blutige Anfängerin, wollte das aber nicht wahrhaben. Warum auch. Tanzen machte mir Freude, ich war sportlich und es ging einige Zeit auch ganz gut. Was aber unterscheidet eine Anfängerin von einer erfahrenen Tänzerin?

Gute Tänzerinnen sind diszipliniert oder mussten viel Lehrgeld zahlen. Irgendwann haben sie verstanden, dass ihr Körper ihr Instrument ist. All die Profitänzerinnen, die ich kennen gelernt habe, investieren in ihren Körper und haben eine klare Vorstellung davon, welche Voraussetzungen für genussvolles Tanzen nötig sind. Da sind Muskeln, die trainiert werden wollen. Manche müssen gestärkt, andere gedehnt werden. Da sind die Faszien, die verkleben, wenn sie nach dem Tanzen oder Training nicht bewegt werden. Und schließlich die Gelenke, die im Wortsinn sauer reagieren, wenn wir unregelmäßig essen oder zu wenig Wasser trinken.

Die richtige Ausrüstung, Schuhe und Bekleidung, in der sich frau wohl fühlt, sind ebenso wichtig wie die Technik. Auch wenn wir viel auf der »Piste« lernen, Unterricht und Feedback durch geschulte Augen sind wichtig. Im Hinblick auf Erfahrung und Übung: Was wir uns abkucken oder vermittelt bekommen, müssen wir verstehen, dann aber loslassen, damit es in den Füßen ankommt. All die fantastischen Tangofiguren sind erst dann Hingucker, wenn sie mit einer gewissen Lässigkeit getanzt werden. Dazu müssen wir uns Zeit geben.

Profis überfordern sich nicht. Aufwärmen und Regeneration sind keine Fremdwörter für sie. Viele entwickeln kleine Rituale dafür. Das hat etwas mit Selbstwertschätzung und Eigenverantwortung zu tun.

**It takes two to Tango**

Gute Tanzpartner: Nicht zuletzt sind gute Tanzpartner die Basis für genussvolles Tanzen. Die Chemie muss stimmen, was du schon bei der Umarmung merkst.

»Freundinnen sind wie Schuhe –
wenn man jung ist kann man nicht genug
davon haben.

Später stellt man fest, dass es immer die
gleichen sind
mit denen man sich wohlfühlt.«

*~ unbekannt*

# 5

# Tanzschuhe die zu dir passen

✔ Achte auf sehr guten Halt. Stelle dich hüftbreit hin und prüfe, ob du »satt« auf den Absätzen stehen kannst und diese nicht »kippeln«.

✔ Deine Zehen brauchen Bewegungsfreiheit. In geschlossenen Schuhen ist das nicht der Fall. Gib deshalb Sandaletten den Vorzug. Wenn schon geschlossene Schuhe, achte darauf, dass die Zehen vorne nicht anstoßen, sonst gibt es Blutergüsse und das fördert Nagelpilz.

✔ Oft ist ein Fuß etwas länger als der andere. Zur Anprobe wird uns fast immer der rechte Schuh gegeben. Wenn dein linker Fuß länger ist, verlange also erst den linken Schuh.

- Beim Tango treten Fußschmerzen eher im dem rechten Fuß auf. Damit deine Schuhe auch bei unterschiedlicher Fußlänge an beiden Füßen passen, sind Sandaletten optimal. Lass dir zusätzliche Löcher in die Riemchen stanzen und achte darauf, dass du sie gut und stramm schließen kannst. Bei geschlossenen Schuhen, zum Beispiel für den Standard-Turniertanz kannst du dir für den Fersenteil ein Polster vom Schuster oder Orthopädiefachgeschäft holen und so den Längenunterschied ausgleichen.

- Füße sind nachmittags größer. Wenn wir stundenlang auf den Beinen sind, staut sich in den unteren Extremitäten Lymphflüssigkeit. Kaufe Schuhe deshalb generell erst nach 16.00 Uhr.

- Lasse deine Schuhgröße neu bestimmen. Füße können länger und breiter werden. Während Schwangerschaften und dann wieder in den Wechseljahren gibt unser Bindegewebe hormonell bedingt nach, das wirkt sich leider auch auf unsere Füße aus.

- Kaufe keine Schuhe aus zweiter Hand. Getragene Schuhe geben den Füßen eine falsche Information. Wenn sie von einer anderen Tänzerin »eingetragen« wurden, ist das wie eine Einlage, die nicht für dich angefertigt wurde.

- Probiere neue Schuhe gründlich. Natürlich müssen sie dir gefallen. Deine Freude über eine schöne Passform und Farbe sollten dich aber nicht davon abhalten, ein paar Minuten darin zu gehen. Mache ein paar Drehungen.

- Nicht nur deine Augen, vor allem deine Füße sollten in die neuen Schuhe verliebt sein. Verweile ein wenig darin. Spüre in dich hinein, ob sich in dir ein Gefühl des Zusammengehörens einstellt.

- ✓ Achte auf gute Qualität. Die Sohle sollte nicht zu starr sein. Wenn irgend möglich, kaufe nur Schuhe, die am Vorfuß ein wenig gepolstert sind. (Teste das vorab, indem du mit dem Finger kräftig drückst) Für geschlossene Schuhe kannst du dir im Orthopädiefachgeschäft Pelotten holen und damit den Schuh im Ballenbereich polstern. Auch an den Fesseln solltest du guten Halt haben, sonst leidet dein Sprunggelenk.

- ✓ Hier noch Katharina Borsts Geheimtipp für geschlossene Turnierschuhe (Standard, Walzer): Besorge dir einen durchsichtigen BH-Träger. Den führst du unter dem Schuh durch, nahe am Absatz, überkreuzt auf dem Rist, legst die beiden Enden mit Zug am Fersenteil deines Schuhs zusammen und befestigst sie mit durchsichtigem Klebestreifen. Das sieht man nicht, hält, ist erprobt und verhindert, dass dein Fuß beim Tanzen zu sehr nach vorne rutscht und den Ballen belastet. Genial.

- ✓ Mit Strümpfen und Füßlingen rutscht du in den Schuhen, vor allem in Sandaletten hast du dann wenig Halt. Außerdem kannst du dir Blasen holen. Wenn du frierst, ziehe Netzstrumpfhosen einer Feinstrumpfware vor. Natürlich machen auch Leggings ein schönes Bein und wärmen deine Muskulatur.

- ✓ Wenn du frierst, besorge dir Stulpen. Mach es den Balletttänzerinnen nach.

- ✓ Besorge dir mehrere Paar Schuhe mit verschiedenen Absatzhöhen. Nimm zur Milonga immer Ersatz mit. Wechsle und gib deinen Füßen damit eine neue Information und etwas Entspannung.

- ✓ Dein Fuß schwillt während des Tanzens an. Deshalb ist es keine gute Idee, geschlossene Schuhe kurz auszuziehen. Sie werden danach drücken!

- Gut sind auch Übungsschuhe. Die sehen aus wie Halbschuhe. Ein kleiner Absatz ist von Vorteil, dann kannst du deine Ferse aktiv einsetzen und stehst nicht die ganze Zeit auf dem Fußballen.

- Flache Schuhe sind nicht unbedingt besser. Für den Führenden ist es eindeutiger zu erkennen, auf welchem Bein du dein Gewicht verlagert hast, wenn du aktiv die Hacken einsetzt. (Ich weiß – es gibt die Ansicht, dass sich eine echte Tanguera nicht auf den Hacken ausruht. Wahrscheinlich hat sie keine Fußprobleme)

- Raue die Sohlen vor dem Tanzen auf. Besorge dir dazu im Fachgeschäft eine entsprechende (feine) Bürste.

- Meist bekommst du beim Schuhkauf ein hübsches Säckchen dazu. Schreibe deine Telefonnummer auf einen Zettel und gib diesen hinein, falls du deine Lieben mal liegen lässt.

- Du kannst kleine Duftsäckchen in die Tasche geben oder den Stoff des Täschchens parfümieren.

- Wenn du zu geschwollenen Beinen und Knöcheln neigst, besorge dir ein Mineralwasserspray aus dem Drogeriemarkt, das du dir auf die Beine sprühen kannst, und pack es ebenfalls in dein Säckchen.

- Mit schönen und vor allem perfekt passenden Schuhen tanzt du besser. Achte auch auf die Farbe. Was beflügelt dich? Bist du versucht, dich hinter Brauntönen zu verstecken? Sei mutig.

## Geschlossene Schuhe oder Sandaletten? Acht-Zentimeter-Absatz oder doch lieber flach?

Neulich bekam ich eine SMS, ob ich nicht als Springerin aushelfen könnte. Leider erschien der »Herr« nicht. Egal, ich hatte so Gelegenheit, ein bisschen zuzuschauen. Die Paare hatten knapp ein Jahr Tanzerfahrung. Die Frauen trugen allesamt geschlossene Schuhe, manche noch nicht einmal Tanzschuhe, und mit einer Ausnahme waren die Absätze maximal 4 cm hoch.

Auf dem Heimweg ging mir das nicht mehr aus dem Kopf. Ich selbst habe auch erst nach gut zwei Jahren zu höheren Absätzen gegriffen (acht Zentimeter) und kam nicht gut zurecht, wobei mir diese Schuhe auch nicht richtig passten. Mittlerweile bin ich glücklich mit offenen Schuhen mit einer Absatzhöhe von sechs bis siebeneinhalb Zentimetern.

Rückwirkend kann ich nur sagen, ich habe zwei Jahre verschenkt. Mich um das Gefühl gebracht, wie toll es sich anfühlt, mit »richtigen« Schuhen zu tanzen. Mittlerweile weiß ich: Je geschmeidiger wir im Becken und je bewegliche unsere Füße sind, umso höher können die Absätze sein.

Andernfalls fallen unsere Schritte zu klein aus und das wirkt unbeholfen. Gerade hohe Hacken symbolisieren Kraft – Trippelschritte passen dazu nicht.

### Steh zu deiner Größe

Die Körpergröße ist bei der Wahl der Absatzhöhe eine andere Geschichte. Gerade große Frauen unterliegen häufig der Versuchung, sich klein zu machen. Tu das nicht.

Bei mir war es diese andere Geschichte. Ich wollte nicht größer sein als mein Mann. Immer wenn ich anfangs höhere Schuhe getragen habe, vollzog ich seltsame Verrenkungen, um nicht zu groß zu sein. Von Hintern raus bis zum Buckel habe ich sämtliche unschöne Haltungen eingenommen. Klar, dass ich mich beim Tanzen nicht besonders wohl fühlte.

Auf dem Nachhauseweg neulich wurde mir aber noch etwas klar: Damals fühlte ich mich für »richtige Tangoschuhe« noch zu unwürdig. Dieses ewige »Ich bin nicht gut genug« steckt uns Frauen in den Genen.

Du bist gut genug! Und selbstverständlich auch gut genug für die richtigen Absatzschuhe beim Tanzen.

Wenn du noch handfeste Gründe für hohe Hacken brauchst, dann lies, was Katharina dazu zu sagen hat.

# 6
# *Katharina Borst*
## – der Vorteil hoher Hacken

*Staatlich anerkannte Physiotherapeutin*
*Therapeutin für manuelle Lymphdrainage*
*Bewegungspädagogin nach der Franklin-Methode® Level 1*
*Spiral-Dynamic Basic Level*

*Mit 13 Jahren lernte Katharina Borst Harfe zu spielen – liebte es, mit kräftigen Fingern auf den Saiten das zu vermitteln, was sie fühlte. Der Wunsch, dies mit dem ganzen Körper auszudrücken, brachte sie mit 17 Jahren zum Standardtanz.*

*Während ihrer Ausbildung zur Physiotherapeutin hat sie ihre Erfahrung im Turnier-Standardtanz mit ihrem Beruf zu einer einzigartigen Kombination verbunden. Das neu erlernte Wissen wurde unmittelbar in der Praxis beim Training geprüft. Die Frage nach der perfekten Bewegung motiviert sie bis heute.*

*Fortbildungen im Bereich Spiraldynamik, der Franklin-Methode und eigene Erfahrungen durch viele Trainerstunden brachten sie der Antwort näher: Es geht gar nicht um Perfektion, sondern darum auszudrücken, »wer du bist, was du fühlst, und dies mit jeder Faser des Körpers«. Man arbeitet zwar an seinem Bewegungsmuster, doch ist es gleichzeitig ein inneres Wachsen, denn der Körper ist nur Ausdruck des Geistes.*

*Aktuell ist Katharina in der Fußschule München tätig. Zukünftig wird sie Medizin studieren, um einem weiteren Puzzleteil, nämlich der Rolle des Darms und des Immunsystems, auf die Spur zu kommen.*

Katharina kommt gut vorbereitet zu unserem Treffen in einem Münchner Café. Anhand ihres Turnierschuhs zeigt sie mir, worauf bei einem Schuh zu achten ist. Die Punkte habe ich in Kapitel 5 schon einfließen lassen.

Noch bevor die Getränke kommen, malt sie mir auf einem Blatt Papier auf, wie ungünstig sich spitze Schuhe auf unsere Füße auswirken. Zum Beispiel wird die große Zehe in eine unnatürliche Stellung nach innen gebogen und kann nicht mehr geradeaus laufen.

Große Augen mache ich, als sie mir nicht nur die Nachteile hoher Absätze, sondern auch die Vorteile – ja, du liest richtig – Vorteile aufzeigt: Zum Beispiel verkürzt das Tragen hoher Absätze die Wadenmuskulatur. Der Vorteil liegt darin, dass die Wade beim Tanzen nicht so viel Länge hergeben muss und du diese Länge im Körper nutzen kannst. Für deine Aufrichtung ist das sehr wertvoll. Natürlich ist es wichtig, dass du deine Waden häufig dehnst. Sogar bei Fersensporn kann ein Absatzschuh zwischendurch für Entlastung sorgen, weil nicht mehr so viel Zugkraft auf das Gewebe um den Sporn wirkt und das Gewicht mehr auf den Vorfuß verlagert wird. Wie gesagt, immer in Kombination mit regelmäßigem Dehnen und Muskelentspannung.

»Wohin schaust du, wenn Patientinnen zu dir kommen?«, will ich von der ausgebildeten Physiotherapeutin wissen. »Auf die Nackenlinie«, bekomme ich zur Antwort: »Wenn die stimmt, kann es unten nicht so schlecht sein.«

Während wir Kaffee trinken, erzählt mir Katharina am laufenden Band Dinge, die mir gerade zu Beginn meines Tanzfiebers viel gebracht hätten.

## Beckenboden und Füße

Wenn du lernst, auf hohen Absätzen zu gehen und zu tanzen, entwickelst du über deine Fersen eine unglaubliche Feinmotorik. Deine Koordinationsfähigkeit nimmt zu und du bist automatisch mehr in deiner Balance. Beim Thema »hohe Absätze« nimmt Katharina Fahrt auf: »Mit Stöckeln stimulieren wir über die Reflexzonen Muskelketten, die sich auf den gesamten Körper auswirken. Die Muskeln, die das Vorfußgewölbe stabilisieren, aktivieren beispielsweise gleichzeitig den Beckenboden.«

Becken und Ferse »spiegeln« einander. »Wenn eine Frau auf hohen Absätzen gut gehen kann, hat sie einen Bezug zu ihrem Beckenboden. Dabei ist es wichtig, dass die Ferse aufgerichtet ist.«

Stöckelschuhe machen das Becken beweglicher und kippen es leicht nach vorne, sodass sich ein leichtes Hohlkreuz bildet. Frau muss sich jedoch erst finden und an die richtige Absatzhöhe herantasten. Wenn du ohnehin schon zum Hohlkreuz tendierst, wähle die Absatzhöhe etwas niedriger.

Hohe Absätze fördern einen weiblichen Gang, da das Becken leichter »schwingen« kann. Diese neu gewonnene Bewegungsfreiheit sollte aber nicht in ausladenden, seitlichen Hüftbewegungen enden, sondern in einer gut koordinierten Drehung, bei der das Bein beim Gehen bereits in der Hüfte anfängt. Das lässt Beine ellenlang wirken.

**Entspannung beim Tanzen**

Dieses elegante und unsagbar feminine Schwingen entsteht durch Entspannung. Überhaupt ist Entspannung für schönes und ökonomisches Tanzen das A und O. So wird unser Körper zum Instrument und die innere Vorstellung einer Bewegung oder Figur wird mit Leichtigkeit umgesetzt.

»Amateure setzen Kraft und Anspannung ein und ermüden deshalb vorzeitig«, hat Katharina in ihrer Zeit als Turniertänzerin immer wieder festgestellt, wie sie mir erklärt. »Gerade am Anfang herrscht ›schneller, besser, stärker‹ vor, was aber dem Tanz den Fluss nimmt und der Tänzerin den Genuss.«

Deshalb versuche immer wieder, dich zu entspannen, gerade wenn die Tanz-Chemie mit einem Partner nicht stimmt oder du beim Unterricht versucht bist, in Stress zu geraten. Bleib bei dir. Finde deine Mitte. Dein Körper ist das Instrument, mit dem du deine Gefühle ausdrücken kannst, Technik ist nur ein Werkzeug auf dem Weg dorthin.

Und: Fußarbeit ist entscheidend für richtig schönes Tanzen. (Hätte mir das mal jemand gesagt, als ich anfing zu tanzen)

## Leichtigkeit durch Balance

Wenn du dein Gewicht von einem Bein auf das andere verlagerst, kannst du spüren, wo sich dein Schwerpunkt gerade über deinem Fuß befindet. Bist du in deiner Balance, kann sich der Fuß entspannen und elastisch jeden deiner Schritte abfedern. Befindet sich dein Schwerpunkt außerhalb des Unterstützungsbereichs deiner Füße, verkrampfen sie sich und müssen mit Anspannung halten, was an Stabilität fehlt.

Zum Abschluss unseres Gesprächs verblüfft mich Katharina, als sie mir von ihrem Tanztagebuch erzählt. Darin hält sie Erkenntnisse, Gefühle und Stimmungsbilder fest. Zeichnungen finden darin ihren Platz, ebenso innere Bilder, die sie in Worte fasst: »Ein Gefühl fasst 1000 Technikgedanken zusammen.« Und diese Bilder helfen später auch ihren Patienten.

Aus unserem Treffen nehme ich die Idee vom Gesamtkunstwerk Mensch mit. Katharina geht ihren Weg, indem sie ihr Leben tanzt: bewundernswert klar ausgerichtet und dennoch verspielt neugierig. Das Zitat: »Wenn du tust, was du liebst, musst du keinen Tag arbeiten« kommt mir bei ihr in den Sinn. Katharina ist über info.kabo@gmx.de zu erreichen.

»Glaubenssätze sind wie Schuhe.
Manche passen nicht mehr.«

# 7

# Wie du deine »alten Schuhe« loswirst

Bevor du dir neue Tanzschuhe besorgst, stellt sich die Frage: Welche Glaubensätze, passen nicht mehr zu dir? Wenn du Lust hast, richtig gut zu tanzen, dich lebendig und weiblich zu fühlen, ist es an der Zeit, deine ‚alten Schuhe' loszuwerden. Sie stehen für unsere alten, eingefahrenen und uns begrenzenden Gewohnheiten, Zwänge und Muster:

- Es anderen recht machen
- Sich selbst aus den Augen verlieren und keine Zeit haben

- Sich an Zustände gewöhnen, die uns nicht guttun
- Angst vor dem Neuen haben
- Kompromisse eingehen
- Anderen oder dem Leben die Schuld geben
- Sich mit anderen vergleichen und abwerten
- Stark sein müssen

**Hast du Lust, die strahlende Frau in dir ins Licht zu bringen?**

Hier kommt der ultimative Tipp, wie du deine »alten Schuhe« loswirst: Lege fetzige Musik auf und fange an, dich zu schütteln. Schüttle dich, tanze, pruste mit den Lippen. Streiche mehrmals von oben nach unten mit deinen Händen kräftig über deinen Körper. So, also ob du ungeliebte alte Kleider energisch abstreifen möchtest. Bewege dich barfuß. Diese kraftvolle Übung machst du nur für dich, schäme dich nicht.

Während du dich energetisch von deinen Einschränkungen befreist, gib den alten »Fetzen« Namen:

- »Diese Hose steht für meine Einschätzung, nicht gut genug zu sein«! – Weg damit.
- »Dieses ollen Schuhe sind die Sorge wegen ...« – Das brauche in nicht mehr!
- »Dieses alte Hemd steht für mein Festhalten an ...« – Das kann ich loslassen.

Lass dich überraschen, wozu du bereit bist. Wenn du Lust hast zu seufzen, dann nur zu. Mach das nur für ein paar Minuten, da diese Übung sehr kraftvoll ist. Vielleicht fängst du an zu weinen. Dann nimm dich selbst liebevoll in die Arme.

Nach ein paar Minuten leg dich hin und spüre nach. Schreib auf, was du für dich erkannt hast. Schau dir dann den Inhalt deines Schuhschranks an. Probiere jedes Paar – nicht nur die Tanzschuhe. Frage dich dabei: »Gibt mir dieser Schuh Halt?«, »Gibt mir dieser Schuh Energie?«, »Passt dieser Schuh noch zu mir?«. Schuhe, die gar nicht mehr passen, bringst du feierlich in den Müll. Andere, kannst du vom Schuster überarbeiten lassen.

»Niemand kann mir nehmen,
was ich getanzt habe«

*~ Rita*

# *8*

# *Rita Caldas*
# – Nichts für brave Mädchen

*Rita Caldas Reise durch den Tanz begann mit klassischem Ballett und führte sie ins National Conservatorium in Lissabon, ihrer Heimatstadt. Sie wirkte mit in Aida, Wilhelm Tell und stand auf der Bühne des Teatro Nacional de Sao Carlos. Dazu fand sie noch die*

*Zeit, sich an der Musikakademie in Piano, Gesang und Solfeggio ausbilden zu lassen. Ihre Neugierde führte sie auch zu anderen Tänzen wie Funky, Jazz, Salsa, dennoch zog es sie immer wieder zurück an die Ballettstange.*

*Den Schritt zum Tango wagte sie 2003 und nahm Unterricht bei den namhaftesten Tangolehrern. Während sie immer tiefer in diese neue Tanzform einstieg, hatte sie das Vergnügen, Seite an Seite mit Mariano »Chicho« Frumboli und Juana Sepulveda in Italien und später in Portugal mit Juan*

*Capriotti und Graciana Romeo, Paulo Bernardo und Yolanda Rebelo in Tangoshows aufzutreten. Rita Caldas unterrichtete zusammen mit verschiedenen Tangolehrern und war Mitveranstalterin des Tango Festivals in Lissabon. Zusammen mit Vasco, ihrem Tanzpartner, arbeitete sie an einem innovativen Projekt: Fadonga, einer Kombination aus Fado und Tango.*

*Als Tänzerin ist es ihr wichtig, ihren ganz eigenen Stil zu verfolgen. Ihr Augenmerk liegt auf Körperwahrnehmung und Musikalität. Ihre persönliche Erfahrung und künstlerischer Ausdruck mischen sich mit verschiedenen »Sprachen«, angefangen bei Ballett über Salsa und Kizomba bis hin zu Bauchtanz und Samba. Immer auf der Suche nach mehr Tiefe im Tanzen, motiviert durch Neugierde und Kreativität.*

Schon nach einer Stunde ihrer Frauentechnikkurse war mir klar: Ich möchte Rita unbedingt für dieses Buchprojekt gewinnen. Ob sie wohl einwilligt? Zeit für mich hat? Denn sie ist häufig auf Shows und Festivals unterwegs. Und ob ich mir zutraue, das Interview auf Englisch zu führen? Wieder einmal wurde mir bestätigt: Worauf ich meinen Fokus lege, das gedeiht - und so erntete ich ein freudiges »Yes, with pleasure.«

## Tänzerisch ein Ausrufezeichen setzen

Tangotechnikstunden bei Rita sind nichts für brave Mädchen. Sie unterrichtet »aktives Folgen«. Beim Tango ist von Frauen Hingabe gefragt. Nur ist damit nicht gemeint, passiv und folgsam zu sein. Was du bei ihr lernen kannst: Frau kann auch selbstbestimmt hingebungsvoll tanzen.

Wie das gehen soll? Für Rita ergibt sich Selbstbestimmung aus Präsenz: »Hab jederzeit Bewusstsein in deinem Körper. Und habe keine Angst davor, zu geben.«

Spannend finde ich, dass auch Rita erklärt: »Alles beginnt mit den Füßen.« Sie sind unser Fundament. »Für mich ist es der genussvollste Moment, wenn ich meine Füße beim Tanzen spüre« fährt sie fort, »denn über meine Füße habe ich intensiven Kontakt mit meinem Körper bis hin zu den Haarspitzen. Und mit dieser Präsenz bin ich in Kontakt mit meinem Partner.«

Dadurch, dass du deinen Körper sprechen lässt, zeigst du deinem Partner, dass du Kontrolle über dein Tanzen hast. Das zu kommunizieren ist purer Genuss. Tanzen bedeutet, sich Ausdrücken. Das anzubieten, ohne in eine männliche, aggressive Haltung zu kommen ist eine Kunst. Das bringt eine Qualität des Fließens und von Sweetness hervor.

Noch etwas schenkt uns Rita, bevor wir wieder auf die Füße zu sprechen kommen:

## Dramatic Expression

Rita ist deutlich kleiner als ich, aber als sie so vor mir steht und Geheimnisse aus ihrer Ballettausbildung preisgibt, verstehe ich, was man unter »innerer Größe« versteht. »Spannung erzeugst du aus deiner Mitte«, erklärt sie mir. Sie meint damit die Mittellinie, die sich gedacht zwischen deinem Nabel und deinem Brustbein befindet. Beherzt demonstriert sie mir das an ihrer Bluse, die sie mit den Fingern einer Hand am Solarplexus und mit der anderen Hand am Bauchnabel packt. Eine Falte entsteht. Und jede Bewegung, jeder lange Schritt korrespondiert mit dieser Falte.

Mit einer Spannung in diesem Bereich kannst du jedem deiner Schritte Dramatik verleihen. Und nun sind wir schon mitten im aktiven Folgen: Du spürst einen Impuls von deinem Partner. Seine Aktion. Zum Beispiel für deinen Rückwärtsschritt. Statt nun einfach rückwärtszugehen, reagierst du, indem du deinem Partner signalisierst: »ich habe verstanden« – das geschieht durch diese leichte Körperspannung und einen Hauch von Gegendruck –, bevor du dann dein Bein nach hinten streckst und das Gewicht verlagerst. Das kostet ein klein wenig Mut, wenn du das nicht gewöhnt bist. Aber lass dir versichern: Das ist sehr viel leidenschaftlicher, als auf Knopfdruck zu reagieren.

Unterstützen kannst du das durch Atmen. Atme ein, gib deinen Impuls (wie gerade beschrieben), und begleite deinen Schritt mit einem Ausatmen.

Große Rückwärtsschritte mit langem Bein zu tanzen ist häufig nicht das Problem, denn nach hinten »flüchten« wir. Blockiert sind viele von uns beim Vorwärtsschreiten oder bei Seitschritten.

### Keine halben Sachen machen

Was Rita uns dazu mitgibt: »Setze deine Schritte entschlossen. Mache eine Aussage! Nicht so, als ob du dich entschuldigen wolltest.« Unnachahmlich, wenn sie uns den Unterschied vorführt: Erst tanzt sie kleine, verhaltene und zögerliche Schritte, die sie mit »I'm so sorry« begleitet. Und dann – hoi! – Schritte, die es in sich haben. Lang, elegant, sicher, bewusst.

Rita legt großen Wert darauf, dass wir uns nicht mit nur angedeuteten Bewegungen zufriedengeben. »Immer bis zum Maximum gehen« gibt sie mir mit. Dabei zeigt sie mir den Unterschied zwischen einem »schludrigen« und einem expressiven Planeo. »Stay present during dancing.« Ja – das wollen wir.

## Ritas Körpertipp

Eine alte Osteopathen-Weisheit lautet: »Wenn die Schultern und der Nackenbereich verspannt sind, sind auch die Füße nicht entspannt.« Deshalb gebe ich gerne Ritas Tipp für den Schulterbereich weiter. Ein runder Rücken und ein eingesunkener Brustkorb sehen nicht schön aus. Außerdem wirken wir dann wenig selbstbewusst und unsere Körperspannung lässt zu wünschen übrig. Was macht frau, wenn ihr das bewusst wird? Das, was ihr immer gesagt wird: Schultern zurück, Brust raus. Vergiss es!

Setz dich entspannt hin. Und jetzt versuche, deine rechte Schulter zur rechten Wand zu schieben. Ein Millimeter genügt. Gleichzeitig die linke Schulter zur linken Wand. Du schiebst also beide Schultern auseinander. Statt wie üblich über vorne und hinten auszugleichen, genügt es, Weite zu denken. Das schafft Raum und Aufrichtung. Übe das mehrmals täglich – auch vor einem Spiegel. Mir hat das sehr viel gebracht.

Okay? Dann lasse deine Schultern nach hinten kreisen. Du solltest das Gefühl haben, dass du die unteren Spitzen deiner Schulterblätter in die Po-Taschen deiner Jeans stecken möchtest. Dann lass die Spannung einfach los. Dein Körpergedächtnis merkt sich, was du dir wünschst – nämlich einen freien Brustkorb und entspannte Schultern.

Und mit genau dieser Haltung führe deine Arme, die gerade noch locker nach unten hingen, von unten nach oben in die Umarmungshaltung. So kannst du lange tanzen, ohne deine Arme

»halten« zu müssen. (Die Kraft kommt aus dem Rücken und nicht aus den Armen.)

Die Gespräche und Einzelstunden mit Rita wirken nach: »Ich habe mehr zu geben, als ich denke« hallt in meinen Zellen nach und das gilt nicht nur für den Tanz. Keine halben Sachen machen – »go to your maximum – expression, sweetness und presence« nehme ich dankbar mit in meinen Alltag. Rita Caldas ist auf Facebook oder über ritacaldasemail@gmail.com zu erreichen. Sie gibt Unterricht, Privatstunden, Frauentechnikstunden und Workshops in ganz Deutschland und im Ausland.

Mir wird durch diese Gespräche immer klarer, wie wichtig unsere Füße sind. Wenn es »oben« jedoch nicht stimmt, kommen wir unten ins Straucheln. Wir geraten in Stress und sind mit der Aufmerksamkeit zu sehr im Kopf statt im Körper. Da hilft nur Geduld, Übung und Selbstwertschätzung.

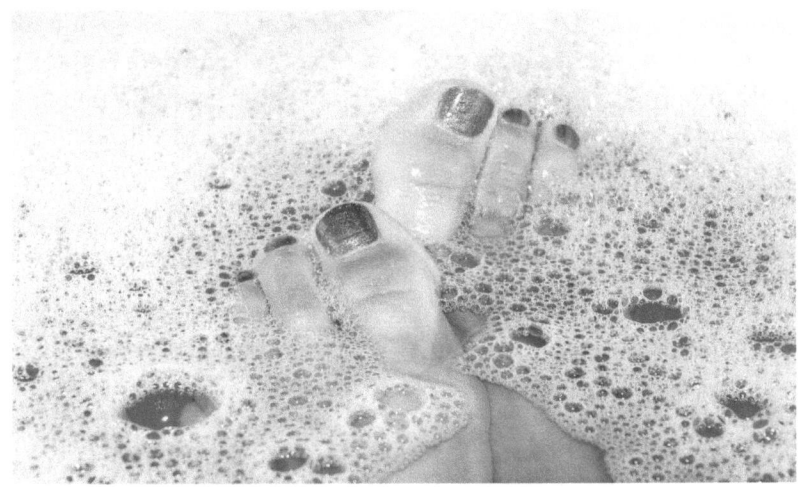

# 9

# Gepflegte Füße spüren mehr

Spätestens jetzt ist es an der Zeit, dass du zu einer Podologin gehst. Das ist eine medizinische Fußpflegerin mit einer Zusatzausbildung. Sie wird deine Füße nicht nur pflegen, sondern auch die Hornhaut entfernen und die Nägel korrigieren. Sie kennt sich mit eingewachsenen Nägeln, Hühneraugen, Fußpilz und dergleichen aus. Du brauchst dich nicht zu schämen.

Hornhaut ist nicht nur unschön, sondern vermindert die Elastizität deiner Fußsohlen. In der Folge werden die unzähligen Sinnesrezeptoren weniger angesprochen. Doch gerade bei Verzierungen, wie sie im Tango üblich sind, brauchst du »spürige« Füße.

Eine Podologin setzt geübt und mit sicherem Blick Skalpell und Fraser ein. Du selbst entfernst bitte nur so viel, wie dein Fuß freiwillig hergibt. Ich verwende in der Badewanne Bimsstein und am trockenen Fuß eine Sandblattfeile.

## Pflegetipps

- Cremen, das gilt vor allem, wenn du zu rissiger Haut neigst, dann sogar ein- bis zweimal täglich. Gut geeignet ist beispielsweise Ringelblumensalbe, Hirschtalgsalbe oder eine Schrundencreme.
- Gönne deinen Füßen in regelmäßigen Abständen ein Fußbad.
- Spezialtipp: Fußbad, dann großzügig eincremen und jeden Fuß in einen Gefrierbeutel stecken. Decke rumwickeln und 20 Minuten meditieren, lesen, Gesichtsmaske oder Haarpackung einwirken lassen. Achtung: Eine solche Anwendung niemals über Nacht einwirken lassen, da die Haut sonst extrem aufweicht unter der Wärme und der Feuchtigkeit. Die Haut löst sich auf und Risse entstehen. Der Säureschutzmantel, der die Haut am ganzen Körper umgibt, ist dann aufgelöst und es können Keime eintreten.
- Trage nur Schuhe mit optimaler Passform. Wechsle zudem öfters die Schuhe.
- Gönne dir Fußmassagen.
- Urlaub am Strand. Sand macht deine Füße streichelzart.
- Oder besorge dir ein Peeling. Du kannst auch grobes Meersalz mit etwas Olivenöl und einem Tropfen ätherisches Öl mischen und als Peeling für deinen Körper und deine Füße verwenden.

## Schrundencreme – Was ist das?

In Hornhautcremes sind Wirkstoffe enthalten, die zum einen helfen, die Feuchtigkeit zu binden, und zum anderen Verhornungen lösen. Urea zum Beispiel bindet Wasser in der Hornhaut und macht diese geschmeidiger. Salicylsäure dagegen wirkt wie ein Peeling und hilft, die Hornhaut abzutragen.

Schrundencremes, also spezielle Fußcremes gegen stark verhornte bzw. rissige oder trockene Haut findest du in Drogeriemärkten. Da ist der Urea-Anteil jedoch sehr niedrig. Deine Fußpflegerin hat bessere Produkte, du kannst auch gezielt in der Apotheke danach fragen.

## Nagelpflege

Denke auch an deine Nägel. Beim Tanzen solltest du sie nicht zu lange lassen. In geschlossenen Schuhen (von denen ich dir ohnehin abrate) stoßen sie vorne an und es kann zu Blutergüssen kommen. Bei Sandaletten bleibt frau schon mal mit den Nägeln hängen. Wenn sie kurz gehalten sind, ist das kein Problem.

Pflege deine Nägel regelmäßig mit Nagelöl. Trage Nagellack in Farben auf, die dich inspirieren und mit denen du dich schön findest. Ein Unterlack ist wichtig, damit der Nagel sich nicht verfärbt.

Unterschätze die Wirkung gepflegter Füße nicht. Du hast nicht nur spürbar besseren Bodenkontakt, sondern fühlst dich stimmiger.

> Tipp: Creme deine Füße nicht ein, bevor du zum Tanzen gehst. Du wirst sonst rutschen und dir Blasen holen. Kalkuliere auch ein, dass Nagellack bis zu drei Stunden trocknen muss. Lege also Wert auf gute Qualität bei der Wahl des Nagellacks, dann hält die Farbe mehrere Tage.

»Tango fängt damit an,
wie ich meine Schuhe anziehe.«

*~ Giorgio*

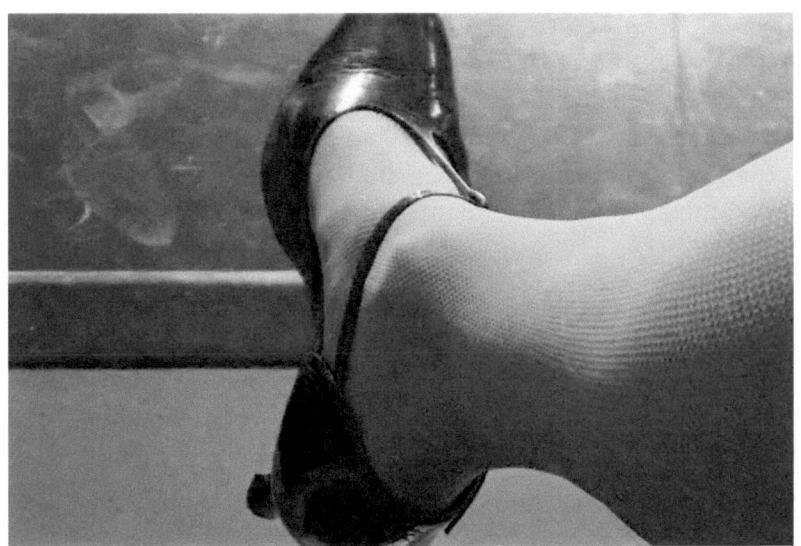

# 10

# Auf du und du mit deinen Schuhen

Nun hast du schön gepflegte Füße und passende Schuhe. Jetzt geht es darum, dass du dir »diesen Schuh« auch anziehst.

Solange du nicht auf du und du mit deinen High Heels bist, machen sie mit dir, was sie wollen. Psychologisch gesehen, stellst du dich mit hohen Hacken aufs Treppchen. Du machst dich sichtbarer.

Und dazu musst du auch stehen. Hier hilft »fake it until you make it«. Also ruhig erst mal so tun, als ob, denn unser Unterbewusstsein nimmt auch das, was du ihm vorgaukelst, für bare Münze. Insofern sehe ich Absatzschuhe auch als prima Instrument, wenn du lernen willst, in deine weibliche Kraft zu kommen. Und: ein paar tolle Schuhe können dir ordentlich Energie geben. Kennst du das auch?

Es gilt also, Herrin über das zu Outfit sein. Sonst ist das Tragen von High Heels so unerquicklich wie das Gassigehen mit einem Hund der dich führt.

**Zum Glück können wir uns jeden Tag neu erfinden:**

Wenn du durch die Straßen gehst, kannst du schauen, welche Frauen dich inspirieren. Sei es modisch oder vom Gangbild her. Das hat weder etwas mit Neid noch mit plumpem Nachmachen zu tun. Es gibt Frauen, die eine Aura des Besonderen um sich haben. Spüre in dich hinein, welche Saite das in dir zum Klingen bringt. Kleine Mädchen können das sehr gut. Sie schlüpfen in die Rolle einer Lehrerin, Forscherin oder Prinzessin und erweitern damit ihr Spektrum.

Auch du bist besonders. Mit der richtigen Kleidung und den entsprechenden Schuhen, kannst du das unterstreichen. Lass dir Zeit, dieses Gefühl zu erspüren, und wachse hinein. Wenn hohe Absätze dazu passen, wirst du sie auch tragen können – wenn du willst. Ansonsten lass dich nicht verrückt machen, wenn du momentan keine High Heels tragen kannst. Steh dazu. Mache eine modische Aussage daraus und gleiche durch deine Kleidung und Accessoires aus.

Vielleicht trägst du Einlagen in deinen normalen Schuhen. Wichtig ist dabei, dass du dich nicht passiv in die Einlagen sinken lässt.

**Nicht immer muss es Tango sein.**

Wie wäre es mit einem vergnüglichen Filmabend. Nachfolgend Filme, in denen Schuhe groß rauskommen:

**Annie Hall**
(1977) von Woody Allen

**In den Schuhen meiner Schwester**
(2005) von Curtis Hanson

**Grease**
(1978) mit John Travolta und Olivia Newton-John

**Im Himmel trägt man hohe Schuhe**
(2015) von Christopher Simon

**High Heels**
(1991) von Pedro Almodovar

»Und vergiss nicht, außergewöhnlich
zu sein...«

# *11*

# *Edeltraud Breitenberger*
## – Gehen ist keine Sensation, deshalb mache eine daraus

IMAGEFOTO: ©www.orhideal-image.com

*Edeltraud Breitenberger Bewegungscoach High Heels-Trainerin TRAGER Praktikerin und Intro-Leaderin für die TRAGER Methode*

*Edeltraud Breitenberger lebt ihre Berufung mit großer Überzeugung. Die durch ihre zahlreichen Fernsehauftritte bekannte Expertin für Körperbewegung lässt Freude, Kraft und Geschmeidigkeit im Gehen erleben. Frauen lernen in ihren Workshops, wie sie sich sicher, elegant und weiblich fortbewegen können, ob mit flachen Schuhen oder auf High Heels. In Kursen und Einzelberatungen vermittelt Edeltraud Breitenberger ein sicheres Gespür dafür, wie sich ein gesundes Körpergefühl mit Ästhetik in der Außenwirkung vereinen kann und körperliche Schäden bereits im Ansatz vermieden werden.*

*Geprägt wurde sie durch die langjährige Krankheit ihres Vaters, die mit seiner Unbeweglichkeit verbunden war. Bereits als Jugendliche beschäftigte sie sich intensiv mit Bewegung und der Frage: »Wie geht Gehen?« Im Lauf der Jahre probierte sie viele Körpertherapieverfahren und ließ sich in der TRAGER-Methode ausbilden. Hier fand sie, was sie suchte: »Das Gefühl im Körper zu Hause zu sein.«*

*Über ihre Faszination an der Bewegung kam sie auch zum Tanz. Es begann mit Standardtänzen, später folgten Salsa und Flamenco bis sie ihre große Leidenschaft, den Tango Argentino entdeckte. Elfmal war sie dazu in Buenos Aires.*

*»Auf die Füße« kam Edeltraud durch Schmerzen beim Tango. Über ihre intensive Beschäftigung mit diesem – bisher vergessenen – Körperteil, wurde ihr bewusst, welchen Schatz sie bergen. Es ist ihr innigstes Bedürfnis Menschen mit ihrem Körpergefühl in Verbindung zu bringen.*

Ich habe eine große Dummheit gemacht und habe mich für ein High Heel-Training angemeldet. Einem achtstündigen Tagesworkshop bei Edeltraud Breitenberger. Du musst wissen, das war zu der Zeit, als ich vor Schmerzen kaum barfuß laufen konnte. Geschweige denn auf hohen Absätzen. Ich habe mir das geschenkt. Zum Trost. Und weißt du was? Es war eine der besten Entscheidungen, die ich treffen konnte. Denn meine Füße waren das erste Mal glücklich. Und nicht nur das: Ich habe mit der Anmeldung für das Seminar den alten Glaubenssatz »Dafür bin ich nicht gut genug« über den Haufen geworfen. Denn wenn du meinst, wie anfangs auch ich, dass so ein Kurs nur etwas für Models ist, dann täuscht du dich. Edeltraud unterrichtet seit Jahren »Gehen auf hohem Niveau«, also Laufen auf High Heels.

So ein Workshop beginnt mit einer Videoaufnahme deines Gangbildes. Am Ende des Tages wird noch einmal gefilmt und ich schwöre dir: Da liegen Welten dazwischen. Und natürlich ist das auch fürs Tanzen gut. Denn da trägt frau vornehmlich hohe Hacken.

Edeltraud kam ebenfalls über Fußprobleme beim Tango zu ihrer Berufung. Sie war elfmal in Buenos Aires, um richtig gut tanzen zu lernen. Schon damals sind ihr die Unterschiede zwischen den Tänzerinnen aufgefallen. Was bei der einen Tanguera elegant wirkte, kam bei der anderen unbeholfen rüber. Sie hat sich immer wieder gefragt, woran das liegt. Die Antwort bekam sie von einem argentinischen Lehrer: »Wenn du richtig gut werden willst, musst du mit deinen Füßen arbeiten.«

Die Botschaft kam an, allein die Umsetzung gestaltete sich schwierig. Ihr Kopf signalisierte ihr immer wieder: »Ich kann das nicht, was er von mir will.«. Edeltraud wurde bewusst, dass sie ihren Füßen noch nie Beachtung geschenkt und sich nicht um sie gekümmert hat. »Das Gefühl hörte in den Knien auf und das einzige, was ich weiter unten spürte, war Schmerz.«

## Die Baustelle Füße

Mittlerweile hat Edeltraud Breitenberger hunderten von dankbaren Frauen vermittelt, selbstbewusst und elegant zu gehen – auf High Heels genauso wie mit flachen Schuhen.

Auch uns Tänzerinnen kann sie wertvolle Tipps geben: Füße brauchen nicht weniger Aufmerksamkeit als unser Gesicht und unsere

Hände. Gerade wenn du schöne Schritte und Verzierungen tanzen willst, sollen sie doch genau das ausführen, was du von ihnen willst. Was du in deine Füße investierst, ist der Schatz, den du als Frau in den Tanz einbringst. Du spürst dich von den Zehenspitzen bis zu den Haarspitzen.

»Tanzen ist wie Zeichnen. Deine Zehen zeichnen Achten und Kreise auf den Boden. Dazu gehört, dass du deine Zehen trainierst« betont Edeltraud und gibt mir noch mehr Tipps:

- Lausche auf das Geräusch deines ureigenen Schritts.

- Gehe und tanze mit verschiedenen Absätzen und auch häufig barfuß.

- Vorab jedoch fängst du an, deine Füße zu massieren und zu mobilisieren. Das ist etwas, was ich mittlerweile täglich tue. Ich sammle Fußcremes und verwöhne Füße und Zehen, wann immer mir danach ist. Packe einfach beherzt zu oder, wenn du es sanfter magst, streichle eher. Lege deine Finger einzeln zwischen die Zehen und lasse dein Handgelenk kreisen. Damit mobilisierst du deine Zehen und hältst sie geschmeidig.

- Versuche, deine großen Zehen zu heben, während die restlichen Zehen am Boden bleiben. Und anders herum.

- Spreize deine Zehen und fahre mit eingecremten Fingern zwischen sie und mobilisiere sie.

- Dehne deine Zehen durch den Fersensitz. Im Kniestand die Zehen anziehen und auf die Fersen setzen. Danach die ausgleichende Bewegung in die Gegenrichtung. Setze dich auf die Fersen mit ausgestreckten Zehen. Wenn du die Knie ein wenig anheben kannst, verstärkst du die Wirkung.

- Massiere dein Kiefergelenk. Lege deine Hände liebevoll an Kinn und Wangen. Öffne deinen Mund leicht. Wenn du magst, kannst du Töne entstehen lassen, während du sanft deine Kiefer lockerst. Kiefer und Zehen sind energetisch eng verbunden.

Edeltraud vermittelt mir eindrücklich, dass liebevolle Selbstannahme und Genuss nicht nur erlaubt, sondern Voraussetzung für gutes Tanzen sind. Dabei legt sie mit unnachahmlich zarter Geste ihre Hände auf ihr Dekolleté, atmet tief aus und sagt: »Wir Frauen müssen unseren emotionalen Hunger stillen.«

Genuss und gleichzeitig mehr Sicherheit bringen wir durch bewegliche Hüften in unser Leben und in den Tanz. Edeltraud zeigt in ihren Kursen deutlich den Unterschied zwischen plumpem Hüftwackeln und elegantem, weiblichem Wiegen – eine Voraussetzung für schöne Beintechniken. Denn die sehen nur gut aus, wenn die Hüfte nicht blockiert ist. Ein weiches Becken bekommst du, indem du dir erlaubst, dich in deinen Hüften sanft zu wiegen.

Wenn du für dich übst, begleite deine Beckenbewegungen mit einem genussvollen Ausatmen.

»Worauf achtest du, wenn du einer Frau beim Gehen oder Tanzen zusiehst?«, will ich auch von Edeltraud wissen. »Ob die Wirbelsäule glücklich ist«, antwortet sie und strahlt mich an. Denn das ist ein Punkt, der ihr ganz besonders am Herzen liegt. Eine steife, unlebendige Wirbelsäule ist Ausdruck für das Zurückhalten der eigenen Schätze. Wenn Edeltraud hier Hand anlegt, kommt Hunger nach Lebendigkeit auf.

Wir arbeiten ein wenig an diesem Thema und ich muss tief seufzen, als Edeltraud mir zum Abschied noch ihren Lieblingssatz: »Die Brust betritt den Raum zuerst« mit auf den Weg gibt. Aufgerichtet und beschwingt und dennoch nachdenklich gehe ich zur Straßenbahn. Ich fühle mich reich beschenkt.

Edeltraud veranstaltet Workshops und Einzelunterricht zum Thema »Elegant gehen auf hohem Niveau«. Ergänzend bietet sie Behandlungen nach der TRAGER-Methode an. Ihre Website: www.b-edel.de.

»Wenn du dich schwer tust, gut über deinen Körper zu denken, tut sich dein Körper schwer, sich gut zu fühlen«

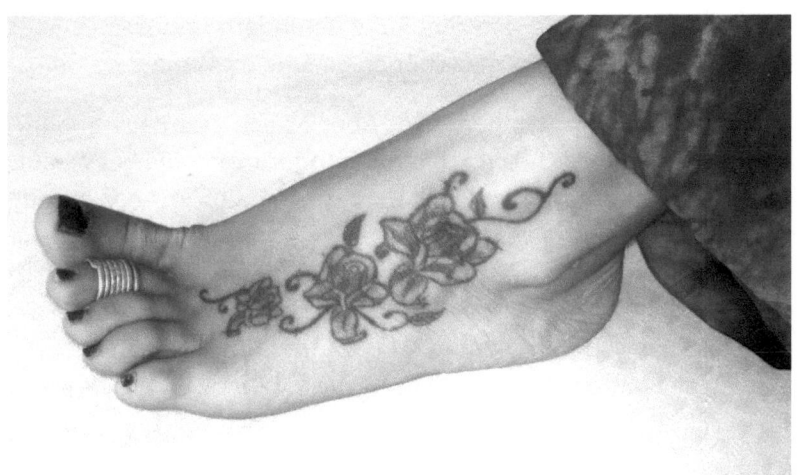

# 12

# Glückliche Füße

Ich mochte meine Füße nicht, hatte keinerlei Bezug zu ihnen. Als ich anfing, mich mit ihnen zu beschäftigen, habe ich immer wieder gehört, dass viele Frauen ihre Füße ablehnen, sogar hassen. Das hat mich ziemlich verstört und nachdenklich gemacht. Ich recherchierte und erkannte, dass auch andere Körperteile ein Schattenleben führen müssen.

Was tun beleidigte Kinder, wenn sie sich nach Beachtung sehnen? Sie quengeln. Zeigen sich von ihren unschönen Seiten. Stören uns in unserem Frieden. Mit unserem Körper ist es nicht anders. Unseren Oberschenkeln schenken wir erst Beachtung, wenn sie »nicht mehr schön sind«. Oberarme bekommen Aufmerksamkeit, wenn sie »schwabbelig« werden und Füße verändern unbeachtet über Jahre ihre Form, bis uns die schönen Schuhe nicht mehr passen.

Verformte Zehen entstehen nicht über Nacht. Das dauert Jahre. Jahre, in denen frau über diese Veränderungen hinwegschaut. Mich macht das traurig, weil das auch auf mich zutraf. Andererseits verlangen wir von unseren Füßen, dass sie funktionieren. Wenn wir zum Beispiel für einen Marathon trainieren ohne Lauferfahrung, Skiurlaub machen ohne Vorbereitung durch Skigymnastik, Nächte durchtanzen. Halten wir uns damit nicht einen Spiegel vor für unser Funktionieren im Alltag? Wo ist unsere Selbstliebe?

Füße wollen gebraucht werden. Dazu ist regelmäßige Bewegung in unterschiedlichster Form nötig. Hüpfen und Springen sind für uns mittlerweile ungewohnt und so manche Frau »tröpfelt«, wenn sie es doch einmal ausprobiert. Dabei festigt das nicht nur unsere Sprunggelenke und erinnert unser Fußgewölbe daran, dass es wie ein Trampolin federn kann, wir würden damit sogar unseren Beckenboden trainieren. Sind Füße und Beckenboden schwach, überfordern wir uns häufig und lassen es weiter bleiben zu trainieren.

Stattdessen werden uns seit unserer Kindheit ebenso unsinnige wie unphysiologische Fußübungen angeraten. Auf den Fersen oder den Fußkanten laufen zum Beispiel. Was unsere Füße wirklich brauchen, ist Abwechslung. Verschiedene Untergründe spüren, balancieren, unterschiedliche Schuhe und Absatzhöhen und ganz viel barfuß gehen. Unsere Lieben da unten freuen sich über Massagen. Füße können sogar auch selbst massieren. Du kannst mit ihnen auch zeichnen oder die Waschmaschine befüllen. Unsere Füße wollen beschmust und achtsam gekitzelt und im Liebesspiel nicht ausgespart werden. Sie lieben Zuwendung in Form von duftenden Ölen, Schmuck oder Henna.

Und du kannst mit ihnen sprechen. Halte sie liebevoll in deinen Händen und frage sie, was sie von dir brauchen. Du wirst eine Antwort bekommen. Auch andersherum funktioniert das. Du kannst mit ihnen verhandeln. Mach ihnen deutlich, wie wichtig dieser Tanz für dich ist, dass du auf sie baust, und sie bittest, dich zu unterstützen. Auch wenn sich das komisch für dich anhören sollte. Ist es nicht viel unsinniger, mit schmerzenden Füßen zu tanzen und dies zu ignorieren? Ganz wichtig ist es jedoch, ihr Vertrauen nicht zu missbrauchen. Tanze nur so lange wie »vereinbart« und bedanke dich bei ihnen zum Beispiel mit einer Massage.

»Man muss das Leben tanzen«

*~ Nietzsche*

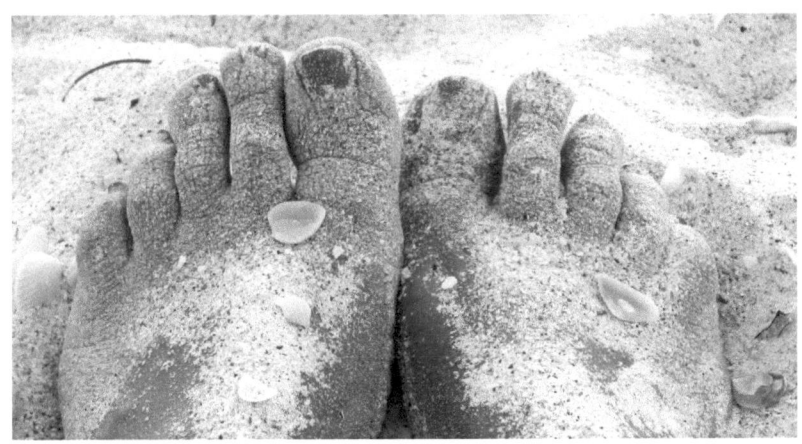

# *13*

# Grounding
# – Kontakt zur Erde

Beim Tanzen ist der Kontakt zum Boden wichtig. Dumm nur, dass wir durch unsere üblichen beruflichen Tätigkeiten alles andere als geerdet sind.

Übung: Lege rhythmische Musik auf. Bewege dich dazu. Fange dann an, zu experimentieren: Tue so, als ob du eine Zigarette austreten möchtest. Eine Getränkedose wegkicken willst. Stampfe energisch auf und fauche ein »Nein«. Führe einen Stepptanz auf.

Wie geht es dir damit? Braucht du dazu Mut? Gerade das energische Aufstampfen und für sich selbst einzustehen kosten uns häufig Überwindung. Wie ist das bei dir? Von einer Managementtrainerin weiß ich, dass viele Frauen selbst im geschützte Rahmen eines Kurses ein Problem damit haben, aufzustampfen und körpersprachlich eine klare Botschaft auszudrücken.

- Gehe öfters barfuß. Das stärkt die Muskulatur deiner Füße, fördert die Durchblutung und erhöht die Beweglichkeit der Zehen.
- Besorge dir Zehensocken, damit hast du auch in Socken ein besseres Fußgefühl.
- Ziehe deine Tangoschuhe auch daheim an und bewege dich für ein Viertelstündchen selbstbewusst darin. Dabei kommt es nicht auf Schönsein an. Fühle deine Kraft.
- Wann immer du Anspannung verspürst, schüttle dich.
- Seufze oder pruste durch deine Lippen. Spüre nach, wie das Druck von dir nimmt.
- Wenn du immer noch Anspannung verspürst, dann habe ich hier ein Geheimrezept: Setze deine Ellenbogen ein. So als wolltest du dir wütend den Weg freikämpfen. Stoße deine Ellenbogen abwechselnd energisch nach hinten und begleite das mit einem scharfen »Schhhhh«. Mach das, bis du über dich selbst lachen kannst. Das wirkt sehr befreiend und reinigt die Energie.

Einen besseren Stand bekommst du beim Tanzen, indem du deine Fersen schließt und die Fußspitzen in die »5 vor 1«-Positition bringst. In dieser leichten V-Stellung stehst du sicherer. Zusätzlich kannst du zwischendurch immer mal daran denken, alle deine Zehen zu spreizen. Das geht in offenen Schuhen leichter, aber es genügt, wenn du dir das vorstellst.

# *14*

# Sonja Zepner
# – Bewegungsqualität

*Tango-Tänzerin seit 22 Jahren*
*Bewegungspädagogin nach der Franklin-Methode® Level 2*
*Krankenschwester*

1994 erprobte Sonja Zepner die ersten Schritte des Tango Argentino. Sehr schnell begeisterte sie sich für diesen Tanz, der ein wichtiger Teil ihres Lebens geworden ist. Zahlreiche Kontakte, Lehrgänge und Projekte lagen auf ihrem Weg, auf dem sie fundierte Erfahrungen sammeln konnte, und zwar im Tanz, Bewegungsverhalten und der eigenen Körperwahrnehmung. Mit Körperarbeit beschäftigt sie sich, weil sie dies als wichtiges Fundament für Tänzer ansieht.

*Es trägt dazu bei, eine klare Erkenntnis über den Körper und sich selbst zu gewinnen. Dies verleiht der Bewegung mehr Qualität und Ausdrucksstärke. Darüber hinaus, sind das Wissen und die Wahrnehmung, wie der Körper funktioniert, Meilensteine für die eigene Gesundheit, da wir dadurch die Ressourcen des eigenen Körpers bestmöglich einsetzen können. Im Tanz ist ihr Anliegen, eine effiziente Bewegung in Balance zu finden.*

Sonja Zepner beginnt ihre Frauentechnik-Seminare barfuß und mit ausgiebiger Körperarbeit. In ihren Stunden vermittelt sie Bewegungsqualität: Neben Haltung und Musikalität erfahre ich körperlich, wie ich Raum und Richtung, Gewicht und Fluss in meinem Tanz vereinen kann.

»Im Tango sind wir zwei-teilig, vermittelt uns Sonja in einem ihrer Workshops zu Frauentechnik.« Vom Becken abwärts sind wir geerdet, nutzen wir die Bodenhaftung und beziehen das Parkett mit ein. Der obere Teil unseres Körpers ist für die Kommunikation zuständig. Hier sind wir leicht und beweglich und gehen in Kontakt zu unserem Tanzpartner.«

Für einen guten Tanz brauchen wir also eine solide Basis und nach oben hin sind wir klar in unserer Aussage – im Folgen wie im Führen. Nun sind wir aber häufig kopfgesteuert. Kein Wunder, dass wir im Alltag unseren Körper häufig »an der Garderobe abgeben«.

### Standfestigkeit erleben

Sonja verteilt kleine Bälle. Das können Franklin-, Igel- oder Tennisbälle sein, knautschige oder harte. Sie helfen uns dabei, uns zu erden. Du übst barfuß. Lege den Ball vor dich auf den Boden und stelle deinen rechten Fuß darauf. Deine Ferse soll noch den Boden berühren. Damit erreicht der Ball genau die Stelle direkt hinter deinen Ballen. Gib Gewicht auf den Ball ab – mal mehr, mal weniger. Rolle ihn unter deiner Fußsohle mit Druck. Bewege dich im Kreis auf ihm… Spiele eine Minute damit. Leg den Ball dann zur Seite.

Jetzt kommt der Test: Du hast mit deinem rechten Fuß geübt. Stell dich hüftbreit auf den Boden und spüre nach. Wie fühlt sich das an?

Nun hebe dein linkes Bein hoch – du bist jetzt im Einbeinstand. Wie stehst du? Zum Vergleich stelle dich jetzt auf das rechte Bein, mit dem du gerade geübt hast, und hebe das linke an. Wie ist deine Standfestigkeit jetzt? Spürst du den Unterschied? Diese Qualität brauchen wir beim Tanzen. Natürlich übst du auch mit dem anderen Bein.

Jetzt will ich von Sonja wissen, warum das so ist? Sie erklärt es mir: Stabilität braucht auch Elastizität. Durch die Massage mit dem Ball werden die Reflexe an deinem Fuß angesprochen. Er wird wacher, besser durchblutet und kann Informationen schneller aufnehmen. Gleichzeitig kommt wieder mehr Beweglichkeit in die dicke Plantarfaszie in deiner Fußsohle. Dein Fuß kann sich wie ein Gecko oder wie ein Saugnapf Halt am Boden schaffen. Das geht spürbar schlechter, wenn dein Fuß kalt und unbeweglich ist.

**Verzierungen brauchen einen sicheren Stand**

Um stabil auf einem Bein zu stehen, brauchst du auch Kontakt zu deinem Beckenboden. Mit der Kraft aus deiner Mitte stehst du fest in deiner Achse und kannst dein Spielbein mühelos bewegen. Ohne Zutun deines Beckenbodens kommt das einem Kraftakt gleich, der dich aus der Balance bringt. Sonja nutzt diesen Effekt. Denn ein sicherer Stand ist das A und O für Adornos, die zauberhaften Verzierungen.

Aus der Franklin-Methode, zu der Sonja ebenfalls Workshops anbietet, weiß ich, dass innere Bilder enorm hilfreich sind. Falls das nicht genügt, bietet sie neben Bällen weitere Hilfsmittel an. Für mehr Stabilität kannst du zum Beispiel sorgen, wenn du deine Zehen wie einen Fächer spreizt. Deinem Becken kannst du gedanklich oder versuchsweise mit einem schweren Gürtel Erdigkeit vermitteln.

Für unser Gespräch treffen wir uns in einem Münchner Café. Ich komme kaum dazu, meinen Latte macchiato zu trinken, so gespannt folge ich den Bildern, die Sonja »malt«. Bilder, so sagt sie, helfen unserem Körper, Bewegungen spontan umzusetzen, machen uns präsenter und vertiefen unseren Atem.

Für deine Aufrichtung ist dieses Bild sehr hilfreich: Setze dich auf einen harten Stuhl vorne an die Stuhlkante oder in den Schneidersitz auf den Boden. Stelle dir vor, ein Grashalm wächst in der Mitte deines Beckens nach oben. Wobei der Grashalm deine Wirbelsäule darstellt und dein Kopf obenauf federleicht thront. Jetzt lasse eine Brise aufkommen und bewege dich in deiner Aufgerichtetheit. Während du im Wind schwankst, genieße die Leichtigkeit, mit der du deine Größe zeigst.

Auch deinen Brustkorb kannst du anstrengungslos weiten und damit den Kontakt zu deinem Tanzpartner stärken. Hier kannst du dir eine wunderschöne Blüte vorstellen, die sich in deinem Brustbereich Blütenblatt für Blütenblatt öffnet und bereit ist zu empfangen.

Leichtigkeit, Empfänglichkeit und Energiefluss im Brustbereich sind wichtig, um die Information des Führenden aufzunehmen und direkt an deine Füße zu leiten. Und auch von Sonja höre ich: »Spannung im Oberkörper blockiert deine Füße.«

Sonja veranstaltet Intensiv-Workshops für Tango Nuevo, bietet Technikseminare für Frauen und Franklin-Kurse an. Daneben ist sie Tango-DJane. Mehr erfährst du unter www.chillitango.de.

Von Sonja behalte ich das Bild einer Malerin, die sinnliche Bilder vom Fließen und Strömen, vom Aufsteigen und Wachsen entstehen lässt und dabei ihren Pinsel mal federleicht, mal kräftig und dynamisch einsetzt. Als Leinwand dienen ihr nicht nur der Körper und Tanzpartner, auch den Tanzboden und den Raum bezieht sie mit ein.

»Tanzen ist träumen
mit den Füßen.«

# 15

# Die eigenen Füße spüren

Wie wäre es, wenn du dir eine schöne Fußreflexmassage gönnst? Suche dir jemanden, der damit Erfahrung hat. Auf deiner Fußsohle ist dein gesamter Körper abgebildet. Eine ausgebildete Reflexzonenmasseurin erkennt, wo in deinem Körper Schwachpunkte sind. Das ist manchmal sehr aufschlussreich. Gleichzeitig wirkt so eine Massage auch therapeutisch. Kopfschmerzen oder Nackenverspannungen können sich lösen.

Besorge dir Igelbälle in verschiedenen Härtegraden. Gewöhne dir an, sie täglich zu benutzen. Bei mir liegt einer im Bad, einer unter dem Küchentisch, ein anderer unter dem Schreibtisch. Deine Fußsohle wird elastischer, du spürst allmählich mehr und lockerst Verspannungen. Mit dem Igelball löst du Verfilzungen in deiner Plantarfaszie, das ist die dicke Bindehautschicht an deiner Fußsohle.

Eine sinnliche Übung: Nimm dir etwa 20 Minuten Zeit für eine Entdeckungsreise. Durch diese Übung wirst du ein tieferes Verständnis für deine Füße bekommen. Sei langsam, neugierig und spielerisch, während du mit deinen Fingern mehr und mehr von dir entdeckst. Einen guten Zugang zu deinen Füßen findest du über die Knochen. Spüre die Struktur, nimm Kanten wahr, Rundungen und Flächen. Taste liebevoll dein Knie ab und bewege dich an deinem Schienbein und Wadenbein abwärts. Fahre mit deinen Fingern weiter nach unten bis zu der Stelle, an der beide in die Knöchel münden. Bewege deinen Fuß: flexen und strecken, kreisen, Fußinnenkante anheben und dann die Außenkante. Welche Bewegungen sind möglich und wie fühlen sie sich an?

> »Ich liebe meine wunderbaren Füße
> und bin dankbar für sie.«

Gleich am Anfang deines Fußristes spürst du vielleicht die kleinen, würfelförmigen Knöchelchen, die sich von rechts nach links wie bei einem Torbogen anordnen. Gleich anschließend beginnen bereits deine Zehenstrahlen. Fahre mit deinen Fingern einzeln an jedem Strahl entlang. Wo bist du empfindlich und wo weniger? Welche Veränderung nimmst du wahr, wenn du mit einer Hand von unten das Fußgewölbe stützt? Nun bist du mit deinen Händen kurz vor den Zehen. Wenn du die Zehen jetzt nach oben und unten bewegst, bekommst du ein Gespür dafür, wo sie tatsächlich ansetzen – nämlich ein gutes Stück vor ihrem sichtbaren Beginn.

Dein großer Zeh hat zwei, alle anderen Zehen haben drei Knöchelchen. Kannst du sie ertasten und bewegen? Ziehe deine Zehen lang und auch die Schwimmhäute dazwischen.

Nach den knöchernen Gebilden wende dich den Muskeln zu: Den Fuß als Ganzes bewegen deine großen Muskeln im Ober- und Unterschenkel. Umfasse mit beiden Händen deine Wade und spüre nach: Welche Muskeln bewegen sich, wenn du deinen Fuß hebst (Flexion), und welche, wenn du ihn streckst? Spüre auch in deinen Oberschenkel, wie sich Bewegungen deines Fußes hier auswirken.

Große Muskeln, wie wir sie an den Schenkeln, Po und Armen haben, gibt es am Fuß nicht. Hier finden sich unzählige winzige Muskeln. Manche liegen zwischen den Zehenstrahlen, manche an den Zehen. Sie verkümmern, wenn wir sie nicht täglich benutzen. Barfuß gehen, hüpfen, tanzen, Gymnastik, Spielereien bringen sie auf Trab. Kannst du sie spüren, während du winzige Bewegungen mit deinem Fuß machst?

Alle Knochen, Sehnen und Muskeln sind von einem zusammenhängenden Netz aus Bindegewebe umhüllt. Die oberste Schicht dieser Faszien kannst du direkt unter deiner Haut ertasten. Durch Verletzungen und Bewegungsmangel verfilzen die Faszien und wir fühlen uns im wahren Wortsinn verspannt. Wenn du mit deinen Daumen an den Faszien auf der Oberseite des Fußes, auf und zwischen den Zehenstrahlen entlangstreichst, kannst du verspannte Zehen besänftigen und Krallenzehen vorbeugen. Dabei kannst du mit den übrigen Fingern das Fußgewölbe von unten unterstützen. Je mehr du dich mit deinen Füßen beschäftigst und ihnen die Aufmerksamkeit zukommen lässt, die sie verdienen, umso mehr Genuss wird dir jeder Schritt durch dein Leben bringen.

»Skiing is a dance, and the mountain always leads.«

# 16

# Vom Folgen und Führen

Wir Frauen stellen uns häufig hintan. Nehmen unsere Bedürfnisse nicht so ernst. Wem soll damit geholfen sein? Ganz im Ernst. Wenn wir uns selbst nicht so wichtig nehmen, werden wir zum Spielball. Geben das Heft aus der Hand. Beim Tanzen wie im Leben.

Die weibliche Rolle verbinden wir meist mit dem Bild der »Folgenden«. Doch Hingabe bedeutet nicht, dass uns unsere Tanzpartner passiv wollen. Eine gute Körperspannung aus dem Beckenboden heraus macht Tanzen erst zum Erlebnis. Ein gutes Gefühl für »aktives Folgen« bekommst du zum Beispiel bei Contact Improvisation und ConTango. Beides kannst du barfuß tanzen. Dazu gibt es Kurse, Workshops und sogar Milongas. Du tanzt allein aber durchaus auch im Körperkontakt zu einem oder mehreren PartnerInnen. Du führst und folgst, drehst, springst und »fliegst« durch allerlei Hebefiguren. Getanzt wird zu moderner, teilweise auch zu Tangomusik.

Wenn du möchtest, kannst du deine High Heels gegen flache Schuhe tauschen und die Erfahrung machen, selbst zu führen. Das hat nicht nur den Vorteil, selbst öfter zum Tanzen zu kommen, sondern du lernst den Tanz auch aus dieser Warte kennen. Im Tango ist es durchaus üblich, von der Rolle des Folgenden in die des Führenden zu wechseln.

Nicht immer haben wir einen guten Tag. Manchmal stehen wir neben uns, sind nicht ganz da. Dich auf das Tanzen einzustimmen ist wichtig, sonst bleibst du passiv und strahlst das auch aus. Hinzu kommt, dass passives und »beiläufiges« Folgen nicht nur öde, sondern auch Gift für deine Füße ist. Sei wach – bis in deine Zehenspitzen. Andernfalls knickst du um, verkrampfst deine Zehen, stolperst und schlimmer: verletzt mit deinen Absätzen andere TänzerInnen.

**Tipps**

- Trinke möglichst keinen Alkohol beim Tanzen. Wenn doch, bestell dir ein Glas Wasser dazu. Du schwitzt, selbst wenn du das nicht merkst. Bevorzuge Wasser oder Schorle.

- Unterbreche das Tanzen, wenn du merkst, dass deine Aufmerksamkeit nachlässt.

- Mach Pause, wenn dir nicht nach Lächeln zumute ist, und kümmere dich gut um dich.

Wenn du abgelenkt oder gestresst bist, wirkt sich das auf deine Energie aus. Sie verdichtet sich, dabei verspannst du dich, deine Füße kommen aus dem Takt und du bist nicht im Fluss. Manchmal sind die Tanzflächen so voll, du wirst angerempelt oder stößt selbst an ein anderes Paar. Du hast dann verschiedene Möglichkeiten, dich dennoch zu entspannen:

- Schließe die Augen oder schaue mit einem weichen, nicht fokussierten Blick.
- Spüre den Kontakt zum Boden.
- Achte auf deinen Atem.
- Sage dir selbst, dass du in deiner Präsenz bleiben willst.
- Bei Stress muss sich deine Energie nicht zwangsläufig verdichten. Übe das im Alltag. Stelle dir eine unangenehme Situation vor und beobachte, wie du »zumachst«. Entspanne und weite dich bewusst. Mit etwas Übung kannst du auch in kniffligen Momenten durchlässig und offen bleiben.

»Der Tanz ist ein Gedicht und jede seiner Bewegungen ist ein Wort.«

*~ Mata Hari*

*17*

# Wie du deinen Körper einstimmen kannst

Wie du schon weißt: Profis behandeln ihren Körper wie ein wertvolles Instrument. Ziehe neue Saiten auf durch Lächeln: Damit meine ich kein aufgesetztes Grinsen in der Hoffnung, endlich aufgefordert zu werden. Lächle dir im Spiegel zu, wenn du aufs Klo gehst. Lächle grundlos in dich hinein. Freue dich an dir. Lächeln kannst du in die entferntesten Regionen deines Körpers schicken. Fange mit deinem Herzen an. Lenke es zu deinen Schultern. Mit etwas Übung kannst du es bis in deine Füße schicken.

Einen guten Bezug zu deinem Körper bekommst du auch durch Summen. Damit versetzt du dein Instrument Körper in die richtige Schwingung. Im Auto, in der Küche, unter der Dusche oder wo auch immer. Summen ist heilsam und unglaublich energetisierend. Ein einfaches »Hmmmm« kannst du in deine Augen schicken und deine Sehkraft damit stärken. Deinen Schoß damit aufwecken. Ja! Und ein Champagnerprickeln in deine Füße leiten.

Damit du einer Harfe bezaubernde Töne entlocken kannst, musst du die Saiten spannen. Ist dir eigentlich bewusst, wie wichtig dein Beckenboden für ein gutes Gespür in deinen Füßen ist? Mit Kraft aus deiner Mitte tanzt du schöner und sinnlicher, benötigst weniger Energie und stehst sicherer. Synchron dazu spannen sich auch deine Gewölbe in deinen Fußsohlen.

Das kannst du leicht ausprobieren. Stelle dich hüftbreit hin. Entspanne deinen Beckenboden wie eine leere Hängematte. Achte auf deine Füße. Wie stehst du? Jetzt stell dir vor, du hättest einen Drink in deiner Hand. Du saugst kräftig am Strohhalm. Was passiert? Dein Beckenboden wird aktiviert. Und deine Füße? Achte mal darauf. Auch hier wird das Gewölbe gehoben. Dadurch gewinnst du einen sicheren Stand für deine Verzierungen.

Durch diese Übungen hast du die Membrane deines Körpers aktiviert: Fußsohlen, Beckenboden, Zwerchfell, Gaumensegel und andere. So wie die Membran eines Lautsprechers die Schwingungen einer Information verstärkt und weiterleitet, geschieht dies auch in deinem Körper. Derart eingestimmt, bringst du während des Tanzens sogar deine Organe zum Schwingen. Nicht von ungefähr bedeutet Organ Musikinstrument oder Orgel. Organismus wäre dann die Summe aller deiner Musikinstrumente, die wie ein Orchester zusammenspielen.

**Einstimmung auf deinen Partner**

Ein Tanz, eine Umarmung ist immer nur so gut, wie du dich dabei fühlst. Manchmal genügen minimale Korrekturen. Zeigen deine Ellenbogen spitz zur Seite (Bleib mir vom Leib!) oder hast du das Gefühl von Rundheit (Einladung)? Stell dir vor, du umarmst einen Baum. Hältst du dich fest oder erlaubst du deiner linken Hand aus einer engen in eine offene Umarmung zu gleiten? In einer offenen Umarmung spüre nach, ob du deinen Partner auf Abstand hältst oder ob sich die Umarmung auch hier gut anfühlt. Hole dir Feedback. Das ist wichtig, denn wenn du dich nicht wohl fühlst, wirkt sich das bis auf deine Füße aus.

Erinnerst du dich noch, warum du so gerne tanzt? Du willst dich lebendig fühlen. Dich in deiner weiblichen Kraft spüren. Du kommst dem schon spürbar näher.

Hast du dich eingestimmt? Dann komm, wir gehen Tanzen. Bist du bereit auszugehen?

# 18

# Achtung Überfall

Warum fangen wir eigentlich sofort und ohne Vorwarnung an zu tanzen? Schon ein bis zwei Minuten Fußgymnastik vorab bringen einen spürbaren Effekt. Leider wird nur in wenigen Tangostunden der Unterricht so begonnen, geschweige denn ein Tanzabend. Eigentlich ein Unding. Also übernimm das selbst, kurz bevor du in deine Tanzschuhe schlüpfst.

Ninja-Tipp: Kaugummi sorgt nicht nur für einen guten Atem, Kauen erhöht nachweislich auch die Denkleistung und Konzentration. Und damit nicht genug: Kiefer und Füße sind energetisch miteinander verbunden.

Ich lade dich zu einem weiteren kleinen Ausflug in die Anatomie ein: Die Muskulatur in deinen Füßen besteht hauptsächlich aus phasischen Muskelfasern, die für Bewegung zuständig sind. Im Gegensatz zu den tonischen Muskeln, die für den Halt sorgen und die im Fitnessstudio trainiert werden. Bewegungsmuskeln schwächeln schnell, wenn sie nicht gebraucht werden. Und bei Füßen, die nicht durch Barfußlaufen und Training fit gehalten werden, sind viele Muskeln verkümmert. Obwohl sie Bewegungsmuskeln heißen, kommen sich nicht so schnell auf Trab. Wir müssen sie erst wecken, bis sie auf Impulse reagieren. Fußgymnastik stärkt diese winzigen Muskeln, durchblutet sie und wärmt sie auf.

Wenn du ausgehst, kannst du, zumindest während du deine Schuhe anziehst deine Zehen spreizen, einzeln bewegen, mit den Zehen schnalzen, die Füße kreisen, flexen und strecken. Das genügt schon und dauert gerade einmal eine Minute.

Mit kalten Füßen zu tanzen ist ein grobes Unterfangen. Ein Fußbad mit durchblutungsfördernden ätherischen Ölen stimmt dich und deine Füße auf einen schönen Abend oder den Tanzunterricht ein. Im Winter sind zudem hübsche Stulpen hilfreich, um deine Knöchel warmzuhalten.

Deine Füße mögen in hohen Hacken tanzen, aber nicht unbedingt schon darin bis zum Ort des Vergnügens übers Trottoir laufen. Nimm dir also für den Hin- und Rückweg flache Schuhe mit.

# 19

# Tango-Feng-Shui

Auf einer Milonga – so heißen die Tangoveranstaltungen – gibt es häufig weniger Männer. Was tun die Frauen? Sie stehen oder sitzen vornehmlich herum. Ein leidiges Thema. Bestimmt hast du dich auch schon augenrollend gefragt: »Warum tue ich mir das an?«

Wie häufig du aufgefordert wirst, hängt unter anderem davon ab, wie bekannt du bist, wie gut du tanzt, deiner Kleidung und Statur, aber nicht zuletzt von deiner Körperhaltung: Bring dich in Stellung, wenn du weitertanzen willst. Wenn du dich hinsetzt und für mehrere Runden – »Tandas« genannt aussetzt, ist die Luft raus. Dein Energiepegel fällt ab. Das sieht »Mann« dir an und du wirst eher nicht aufgefordert. Falls doch, besteht die Gefahr, dass du in den

Tanz hineinstolperst; es dauert etwa eine Minute, bis dein Körper wieder auf Touren kommt. Nimm dir deshalb die Zeit, dich erst in die Umarmung einzufinden. Mache eine Verzierung und dann gib das Signal über deine Körperspannung, dass du bereit bist.

Wenn du dich setzen willst, wähle deinen Platz mit Bedacht. Schau dich im Saal um. Wo ist es günstig? Beobachte, wo etwas los ist. Vermeide Ecken und die Nähe zur Toilette. Bevorzuge Stühle, auf denen du aufrecht sitzen kannst. Sofas, in die du einsinkst, sind nicht zu empfehlen. Wenn du eine Pause brauchst, gehe lieber an die Bar, gönne dir einen Drink und beobachte die Szene.

Achte auch beim Sitzen auf eine aufrechte Haltung. Wenn du dir gedanklich eine Münze auf den Scheitel legst, vermeidest du einen Rundrücken. Dennoch: Deine Wirbelsäule ist kein Stock. Wiege dich und verwöhne deine Bandscheiben, indem du ihnen etwas Aufmerksamkeit schenkst.

> »Ich bin gut genug – genau so, wie ich bin.«

Wenn du jedoch gerne öfter aufgefordert werden willst, dann stell dich dorthin, wo auch die Männer stehen, und nutze so ihre Bequemlichkeit. Auch sie trauen sich manchmal nicht, aktiv zu werden. Was wir als Arroganz werten, ist häufig Unsicherheit. Männer wollen gerne inspiriert und in ihrer männlichen Rolle bestätigt werden. Deshalb verunsichern Frauen mit einer eher dominanten Körperhaltung mögliche Tanzpartner, genauso wie Frauen, die eine »Opferhaltung« einnehmen, sie von sich fernhalten.

*20*

# Nach dem Tanzen

So wunderschön der Abend war – ob mit oder ohne Fußschmerzen. Leg dich nicht gleich ins Bett. Fünf Minuten Dankbarkeit für mehrere Stunden Durchhalten sind nicht zu viel verlangt, oder? Wenn ich spät heimkomme, massiere ich meine Füße. Spüre auch du nach, was du brauchst. Vielleicht wollen deine Füße kühl abgebraust oder erst mal gemütlich hochgelegt werden, während du noch etwas trinkst. Während du dir die Zähne putzt und dich abschminkst, kannst du einen Fuß über einen (Igel-)Ball rollen. Auch ein kurzes Fußbad tut gut. Tipp gegen heiße Füße: Rolle sie über eine Getränkedose, die du kurz im Eisfach gekühlt hast.

Anschließend kannst du deine Füße eincremen und mobilisieren. Fährst vor allem mit deinen Fingern in die Zehenzwischenräume. Ziehst die Zehen und die »Schwimmhäute« lang. Zwei Minuten genügen vollauf.

Wenn du eine Entzündung im Fuß hast, das heißt, wenn es pocht und dein Fuß heiß ist, dann solltest du nicht tanzen. Lege eine Pause ein, bis die Entzündung gänzlich abgeklungen ist. Lass das auch von einem Arzt anschauen. Die Entzündung kannst du durch Umschläge und vor allem Quarkwickel oder Retterspitz gut in Griff bekommen. (Bitte nie direkt Eis auf die Haut bringen) Statt eines Umschlags verwende ich einen alten weißen Baumwollsocken, bei dem ich den Zehenteil mit der Schere entferne.

»Mensch lerne tanzen,
sonst wissen die Engel im Himmel
mit dir nichts anzufangen.«

*~ Augustinus*

## 21

# Was passiert, wenn du tanzt?

Wenn du öfter Schuhe mit hohen Absätzen trägst, verkürzt sich deine Wadenmuskulatur. Deshalb vergiss nicht, deine Beinrückseite regelmäßig sanft zu dehnen. Frage deine Ärztin, ob du Magnesium brauchst, falls du zu Wadenkrämpfen neigst. Wenn du noch nicht lange tanzt oder erst wieder damit anfängst, überfordere dich nicht. Höre auf, wenn deine Füße schmerzen, auch wenn es gerade schön ist. Die Gefahr eines Übermüdungsbruchs im Bereich des Mittelfußes ist nicht zu unterschätzen.

Ein voller Bauch ist bei jeder sportlichen Aktivität hinderlich. Iss also nicht unmittelbar vorher. Dein Körper muss sich entscheiden: Soll er verdauen oder tanzen. Beides zusammen funktioniert nicht gut. Für eine gute Balance und Trittsicherheit braucht dein Körper zudem genügend Flüssigkeit. Mit Wein oder anderen alkoholischen Getränken führst du deinem Körper zu wenig Flüssigkeit zu, um den Wasserverlust durch Schwitzen auszugleichen. Über die sinnestrübende Wirkung brauche ich nicht zu sprechen.

Vor allem bei ungeübten und unvorbereiteten Füßen bildet sich Milchsäure in den Muskeln. Deine Füße werden sprichwörtlich sauer. Du kennst das vom Muskelkater. Damit diese Schlackenstoffe abtransportiert werden können, sind folgende Punkte hilfreich:

- Wasser trinken: Das wird beim Tanzen unterschätzt. Deine Muskeln und Faszien lechzen nach Flüssigkeit und auch das Blut wird dickflüssiger, wenn du schwitzt.

- Schütteln kannst du zwischendurch und auch mit Schuhen. Effektiver aber ist das barfuß wenn du dich ins Bett legst: Beine in die Luft und schütteln.

- Wärme, etwa durch ein belebendes Fußbad, durchblutungsfördernde Cremes von deiner Fußpflegerin oder aus der Apotheke.

- Basenbäder können eine entspannende und bereichernde Entdeckung sein. Basische Fußbäder werden häufig gegen Übersäuerung empfohlen.

- Massagen und Dehnen wirken Wunder. Dabei kommt wieder der Igelball ins Spiel.

- Wenn du häufiger Fußschmerzen hast, kann das von einer Übersäuerung des Bindegewebes herrühren. Ich möchte hier nicht weiter darauf eingehen. Es gibt zu diesem Thema genügend Literatur oder auch Anregungen im Internet.

»Tanz mal darüber nach.«

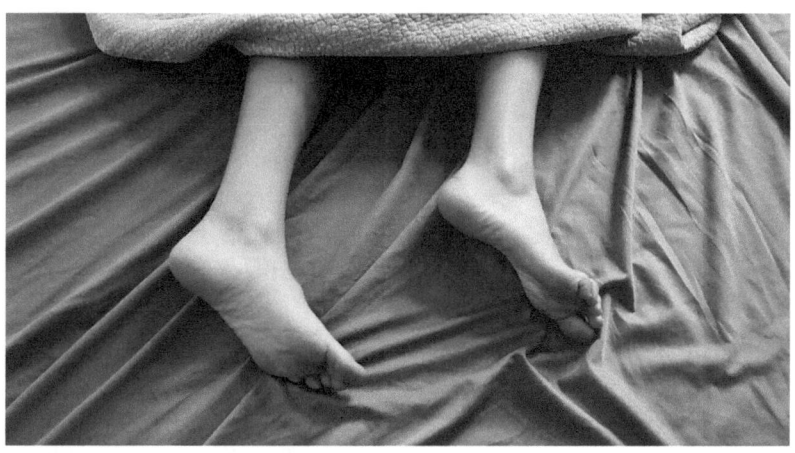

# 22

# Was passiert, wenn du schläfst?

Während du schläfst, ist dein Körper mit Reparaturarbeiten beschäftigt. Kommst du dir manchmal unmittelbar nach dem Aufstehen auch so gänzlich unbeweglich vor? Dann darf ich vorstellen: Das ist der »muscle fuzz«. Das hat damit zu tun, dass dein Körper kleinste Mikrorisse im Gewebe zu heilen beginnt, während du schläfst. Dabei kommt es zu Verwachsungen innerhalb der Faszien. Dein Bindegewebe verfilzt. Und das hat Auswirkung darauf, wie flexibel du dich fühlst. Starte deinen Tag mit Strecken und Recken, mit Dehnen und Gähnen. Mach es einer Katze gleich, auch sie streckt sich nach jedem Nickerchen. Yogis haben sich das abgeschaut und beginnen den Tag mit dem Sonnengruß. Mach auch du dir Dehnen zur Gewohnheit, vor allem nach einer durchtanzten

Nacht. Damit wirst du dich nicht nur für den restlichen Tag wohler und lebendiger fühlen sondern tust insgesamt sehr viel für deine Beweglichkeit.

In der Nacht hat dein Körper Zeit, zu putzen. Wenn deine Entgiftungsorgane Leber und Niere jedoch überfordert sind, schieben sie die Schlacken zur Zwischenlagerung ins Bindegewebe. Letztendlich kann das zu Arthrose führen. Lass deshalb, auch wenn dir das bei Fußschmerzen weit hergeholt vorkommt, beim nächsten Arztbesuch ein Blutbild machen. Frage, ob du gut mit Selen, Magnesium und Vitamin D versorgt bist. Sind deine Leberwerte in Ordnung? Damit hilfst du deinen Körper bei der Regeneration. Du kannst auch deine Heilpraktikerin auf Fußprobleme ansprechen. Sie kann dich bestimmt mit den Schüssler-Salzen, Homöopathie oder auf andere Weise unterstützen.

# 23

# Helga Seyb
## – in deiner Achse stehen

*Tangolehrerin*

*Schon in ihrer Kindheit war Helga Seyb fast täglich in der Turnhalle zu finden. Auch nachdem ihre beiden Kinder auf die Welt kamen, waren ihr Gymnastik, Jazzgymnastik und Fitnessstudio weiterhin wichtig. Sport gehörte immer zu ihrem Leben. Seitdem Helga Tango tanzt, ergänzt Pilates ihr regelmäßiges Training.*

*Pilates wurde für Tänzer entwickelt und führt zur Stärkung und Beweglichkeit der Körpermitte, Verbesserung der Dissoziation und Entspannung von Schulter und Armen.*

*Vor über 20 Jahren hat Helga Seyb mit ihrem Mann Christian einen Standard-Latein-Tanzkurs begonnen, weil sie als Paar wieder etwas Gemeinsames in ihrer Freizeit anfangen wollten. Einige Zeit später wechselten sie die Tanzschule und entdecken den Argentinischen Tango für sich.*

*Die Begeisterung für den Tango und der Wunsch, ein Tangostudio zu eröffnen, führte die beiden in den Jahren 2004 und 2005 für jeweils sieben Wochen nach Buenos Aires, wo sie täglich mehrere Stunden Unterricht bei Mario Bournissen und Eugenia Martinez nahmen. Dabei lernte Helga, beim Tanzen auf jeden einzelnen Schritt zu achten. Das ermöglicht ihr, Musik beliebig zu interpretieren. Auch in den folgenden Jahren verbrachten Helga und Christian jeweils sieben Wochen in der Hauptstadt des Tangos. Helga verfeinerte ihre Tanztechnik und ihren Stil durch viele Frauentechnikstunden bei bekannten Tänzerinnen wie Virginia Pandolfi, Carolina Bonaventura, Aurora Lubiz, Graciella Gonzalez, Alejandra Mantinan und anderen. Helga und Christian haben sich ihren Traum vom eigenen Tangostudio erfüllt und bieten Unterricht, Frauentechnikkurse und Milongas in stilvoller Tango-Atmosphäre.*

Helga kommt gerade vom Pilates, als ich sie in einem Café am Gärtnerplatz mitten in München treffe. Sport ist ihr wichtig. Schon als Kind begann sie mit Leistungsturnen. Später kamen Squash, Handball und schließlich Tanzen dazu. Auch ihre intensive Tanzausbildung in Buenos Aires war geprägt von einem tiefen Verständnis für die Zusammenhänge im Körper: Ihr argentinischer Tangolehrer war Physiotherapeut. Was Helga uns mitgeben will: »Sei stets in deiner eigenen Achse.«

**Schritt für Schritt**

Ihr Lehrer hat den Tanz gnadenlos unterbrochen, sobald sie Gewicht an ihn abgegeben hat. Dadurch hat sie gelernt, beim Gehen jederzeit stoppen zu können. Und zwar ohne dass die Bewegungsenergie sie einen (ungeführten) Schritt weiter in Gehrichtung ausführen lässt.

Für mich ist das ein wichtiger Punkt, denn damit hatte ich selbst lange Probleme. Anfangs dachte ich: Ein Schritt ist ein Schritt – mal größer, mal kleiner - und zu Ende ist er, wenn ich meinen Fuß belastet habe. Was ich jetzt verstehe: Ich bringe mich und meinen Tanzpartner um den Genuss, wenn ich eilfertig laufe.

Als ich mit dem Tango anfing, lernte ich bei Helga die ersten Verzierungen, Adornos genannt, die sie in ihrer wöchentlichen Frauentechnikstunde vermittelt: »Regelmäßig Technik zu üben bringt mehr als ein fünfstündiger Workshop, wenn wir den Inhalt nicht in unser Tanzen integrieren können.« Das ist auch der Grund, warum bei ihr jede Unterrichtsstunde mit Gehübungen und Ochos beginnen. »Die Aufmerksamkeit, die ich in meine Füße lege, hat Auswirkung auf alles andere beim Tango«, höre ich nun auch von Helga.

Vielleicht ist das mit ein Grund, warum sie keine Fußprobleme hat und das, obwohl sie fast täglich drei Stunden auf acht Zentimetern tanzt und unterrichtet. Daheim läuft sie zum Ausgleich konsequent barfuß und legt Wert auf Dehnübungen. Zur Entspannung nach einer Tangonacht legt sie ihre Beine gerne hoch.

Wir räumen die Notizen beiseite, denn jetzt kommt der Obstsalat, den Helga gewählt hat. Während ich meine Quiche rasch und hungrig esse und ihr währenddessen Fragen stelle, genießt sie jeden Bissen. Hier sitzt mir eine Frau gegenüber, die sich ihrem Traumberuf verschrieben hat und das Leben genießt. Mir wird dabei immer klarer, dass wir im Tanz unser ganzes Leben ausdrücken.

Wir kommen auf das elegante, schöne lange Bein zu sprechen, für das Tangoposen so bekannt sind. Dehnung der Beinmuskulatur ist die Voraussetzung dafür und Helga schiebt eine erstaunliche Erkenntnis ihrer Pilateslehrerin ein: »Fahrradfahren verkürzt die hintere Beinmuskulatur.« Bei ihren Schülerinnen fällt ihr immer wieder auf, dass die Knie entweder zu stark durchgedrückt werden und somit keine Erdung zulassen, oder sie können gar nicht gestreckt werden und damit wird die nötige Körperspannung unterbrochen.

**Dem Bein Länge geben**

Ein langes Bein fängt für Helga über der Hüfte am unteren Ansatz des Rippenbogens an. Von hier aus denke dein Bein lang, wenn du es streckst. Die Dehnung spürst du von diesem Punkt aus bis in die Spitze deines großen Zehs. Dadurch baust du eine genussvolle Spannung auf und gibst deinem Bein Länge. Wir können unser Bein natürlich auch einfach nur so strecken. Elegant ist das nicht. Wenn du mehr Leidenschaft in den Tanz bringen willst, dann nutze diesen Ausgangspunkt. Beim Üben kannst du das mit einem Ausatmen unterstützen.

Deinen Körper auf diese Weise deutlich zu spüren bringt dich in ein tiefes Empfinden. Glückshormone werden ausgeschüttet, wenn du eine Figur, eine Verzierung oder lange und bewusste Schritte aus deiner Mitte heraus ausführst. Ein positiver Nebeneffekt: Durch Präsenz und ausdrucksvolles Tanzen steuerst du nicht nur die großen Haltemuskeln, sondern auch all die tiefen kleinen Muskeln an, bekommst einen festen Po, eine definierte Taille und eine anmutige Haltung, wie ich bei Helga neidlos feststellen kann.

Helga ist für mich ein Vorbild, wie ich selbst noch viele, viele Jahre tanzen kann, ohne mich zu erschöpfen. Sie ist diszipliniert, was Ernährung und Fitness angeht, unterstreicht ihre Weiblichkeit mit wunderschönen Kleidern und steht auch, was das Leben angeht, fest in ihrer Achse.

Christian und Helga betreiben gemeinsam das Tangostudio El Duende in München und unterrichten an sechs Tagen in der Woche. Helga bietet regelmäßig Frauentechnikkurse an. Mehr erfährst du unter www.el-duende.de.

»Du bist deine eigene Grenze,
erhebe dich darüber.«

*~ Hafis*

# 24

# Warum Dehnen so wichtig ist

Das Gespräch mit Helga hat mich motiviert, mich noch mehr mit Streckung und Dehnung zu beschäftigen. Aus körperlicher Sicht ist Tanzen für viele von uns ein Ausgleich zum beruflichen Alltag. Der ist geprägt vom: Sitzen. Und wenn nicht vom Sitzen, dann vom Stehen.

Durch Sitzen und Stehen verkümmern und verkürzen unsere Muskeln und die Faszien verkleben. Erkennbar zum Beispiel an gebeugten Knien statt langer Beine. Oder durch einen runden Rücken statt aufrechter Haltung. Auch die Beine »fliegen« beim Voleo nicht wie gewünscht, wenn unsere Muskeln das nicht zulassen.

**Erweitere deine Grenzen**

Dass eine gebeugte Haltung auch Auswirkung auf unser Empfinden hat, ist hinlänglich bekannt. Interessant ist in diesem Zusammenhang, dass verkürzte Muskeln unser Neugierde begrenzen und uns nicht den Freiraum geben, über unsere Denkmuster zu reflektieren. Auf den Tanz bezogen bedeutet das: Wir sind weniger erfinderisch, wenn es darum geht, Beintechniken auszuprobieren. Auch unsere Toleranz gegenüber Fehlern ist gering. Dabei sind die tollsten Figuren aus Fehlern entstanden.

Auch körperliche Beschwerden und Fußprobleme halten dich zurück: Dein gesamter Körper ist mit Faszien durchzogen, die allesamt miteinander verbunden sind. Wenn du irgendwo Schmerzen hast, wirst du zwangsläufig eine Schonhaltung einnehmen. Dumm nur, dass dann deine Faszien verfilzen und verkleben und so zu weiteren Baustellen in deinem Körper führen. Ein gesunder Körper ist durchlässig und die Leitbahnen sind intakt. Du kannst dir das vorstellen wie beim Netz der Bundesbahn. Wenn Weichen nicht gewartet werden und über Schienen Gras wächst, kommen die Züge hier nicht mehr durch.

»Ich dehne meine Grenzen und fühle mich wohl.«

Prima für die Faszien und Muskeln sind Sport- und Entspannungsmethoden, zum Beispiel

- Yoga, mittlerweile gibt es sogar Faszienyoga
- Pilates: sehr empfehlenswert – die Ergänzung für Tänzer und Tänzerinnen!

- Bauchtanz, auch das ist Faszientraining vom Feinsten. Durch den Shimmy, so wird das Flattern des Bauches genannt, befreist du tiefsitzende Emotionen, die ebenfalls im Bindegewebe ihr Zuhause gefunden haben.

- Faszienrollen, Smoveys – Frage in deinem Fitnessstudio danach und lasse dir Übungen zeigen. Damit kannst du Verspannungen vorbeugen und lösen.

- Bei Verspannungen helfen: Osteopathie, Feldenkrais, Rolfing, Triggerpunktmassage, TRAGER-Methode, Alexander-Technik

- Vor Jahren hat mir eine Atemtherapeutin den Tipp gegeben, täglich vor oder nach dem Frühstück ein paar Dehnungsübungen zu machen. Diese fünf Minuten wirken sich enorm auf die Lebensqualität aus.

- Wenn du häufig hochhackige Schuhe trägst, verkürzt sich deine Wadenmuskulatur. Auch die Achillessehne kann betroffen sein. Dehne deshalb deine Waden täglich für 20 Sekunden. Flexe dazu den Fuß (strecke die Ferse von dir, während du den Vorfuß zu dir ranziehst). Die Yogastellung »Hund« ist gut. Auch beim Fahrradfahren an einer roten Ampel, kannst du den Vorfuß aufs Pedal stellen und die Ferse nach unten dehnen. Diesen Effekt erreichst du auch, wenn du auf einem Treppenabsatz übst.

- Für ein schönes, langes Bein ist die Dehnung deiner vorderen Oberschenkel wichtig (Yogastellungen: Kamel, Krieger, Tänzer oder Taube). Im Stehen kannst du einen Unterschenkel nach hinten beugen, bis deine Ferse den Po berührt. Greife mit der Hand dein Fußgelenk und ziehe deinen Fuß nah an deinen Körper, bis du eine deutliche Dehnung spürst.

- Auch die Beinrückseite will gedehnt werden. Im Stand kannst du dich langsam abrollen, bis deine Fingerspitzen den Boden berühren; am Boden sitzend, Vorbeugen mit geschlossenen oder gegrätschten Beinen (Yoga: Tänzer, Standwaage, alle Vorbeugenhaltungen).

- Durch viel Sitzen verkümmert auch deine Pomuskulatur. Die dehnst du effektiv, indem du dein rechtes Bein über das linke schlägst und das rechte Fußgelenk nah zu dir herziehst. Das gebeugte rechte Knie drückst du nach unten. Wenn du einen ordentlichen Zug in der rechten Pomuskulatur spürst, ist es richtig. Das kannst du sowohl im Sitzen als auch im Liegen gut machen (Yoga: Taube).

- Die Außenseiten deiner Oberschenkel dehnst du ganz einfach, indem du im Stehen deine Beine überkreuzt. Strecke dich und führe deine Arme nach oben. Dann neige dich zur Seite, bis du einen Zug an deiner Taille und am Oberschenkel spürst.

- Brust- und Nackenmuskulatur dehnst du, indem du deine Hände hinter dem Rücken verschränkst und vom Rücken weg bewegst. Lasse während dieser Dehnung deinen Brustkorb nach vorne oben strahlen. Deinen Nabel ziehst du sanft in Richtung Wirbelsäule.

# 25

# Hilfe bei körperlichen Problemen

Wenn du Fußprobleme hast, empfehle ich dir, eine Fußschule aufzusuchen, alternativ Physiotherapeuten, die mit Spiraldynamik arbeiten. Sie haben sehr viel Erfahrung mit Füßen und können dir nicht nur sofort spürbar helfen, sondern notfalls auch Ärzte empfehlen. Ein Orthopäde kann dir zur Linderung deiner Fußschmerzen Einlagen verschreiben. Ich selbst trage zwischendurch immer wieder welche. Wichtig: Lasse dich nicht in die Einlagen sacken, sondern gehe aktiv.

Orthopäden und Physiotherapeuten können dich auch tapen und dir zeigen, wie du selbst Tapes anlegen kannst. So ein Tape ist wie ein Pflaster, mit dem dein Quer- oder Längsgewölbe unterstützt wird und deine Faszien an ihre ursprüngliche Ausrichtung erinnert werden. Hilft auch bei Knie- oder Schulterbeschwerden.

Hin und wieder sehe ich Tänzerinnen, die mit einem Tape tanzen. Ich selbst benutze Tapes manchmal am Vorfuß wenn ich zum Tango gehe. Du solltest diese Möglichkeit jedoch nicht missbrauchen, um deutlich länger zu tanzen, als deine Füße bereit sind.

Wenn du Entzündungen hast, etwa durch Hallux valgus, dann geh zum Arzt. Pausiere und kühle mit Quarkwickeln oder Retterspitz aus der Apotheke.

Wichtig für mich war, zu verstehen, warum mein Fuß rebelliert. Deshalb empfehle ich dir, dass du dir Übungen zeigen lässt und nachspürst, wie die »richtige« Haltung sich auf deinen gesamten Körper auswirkt. Der Schlüssel zum Erfolg ist die Kombination von Verständnis, Körpergedächtnis und Wiederholung. Zusätzlich kannst du etwas Magie ins Spiel bringen: Lächeln, Selbstliebe, Vergebung und Ruhe.

## Narben

Narben stören nicht nur optisch, sondern auch im Bindegewebe. Die Faszien sind verfilzt, Lymphe kann nicht frei fließen, die Meridian- und Nervenbahnen sind unterbrochen. Manche körperlichen Probleme verschwinden, wenn wir Narben entstören lassen.

## Verspannung in Schulter, Nacken, Armen

Lies dazu Ritas Tipp über die Umarmung. Ansonsten empfehle ich dir, dich eher zu früh als zu spät darum zu kümmern, wenn du an diesen Stellen Einschränkungen spürst. Verspannungen in diesem Bereich wandern durch deinen gesamten Körper. Tanzen macht so keine Freude.

- Schüttle dich häufig, das baut Spannungen ab.
- Klopfe mit einer Hand kräftig (und anerkennend) auf deine Schulter. Klopfe dann den gesamten Arm an der Außenseite bist zum Handrücken entlang, dann von der Handinnenfläche die Innenseite deines Armes wieder hoch. Mach das zweimal pro Arm.
- Lass dich massieren oder behandeln. Du wirst sehen, das wirkt sich positiv auf deinen ganzen Körper aus.

## Sprunggelenk

- Wenn dein Sprunggelenk betroffen ist, gibt es neben Tapes Orthesen, die für mehr Stabilität sorgen. Frage deine Ärztin oder Physiotherapeutin.
- Mir hat eine Triggerpunktmassage dabei sehr viel gebracht.
- Ansonsten gehe barfuß oder im Sommer mit Treckingsandalen.

## Knieprobleme

Regelmäßig im Winter tun mir die Knie weh. Das ging einmal so weit, dass ich Angst hatte, eine Arthrose zu haben. Die Knie knirschten verdächtig bei jeder Bewegung. Meine Vermutung, dass dies an den Böden lag, hat sich bewahrheitet. Im Winter gehen Leute mit ihren Straßenschuhen übers Parkett. Kleine Steinchen, Sand und Salzwasser setzen dem Boden zu und auch meinen Knien. Die Böden sind teilweise so stumpf, dass sich bei jedem

Pivot (Drehung, Ocho) nicht die Füße, respektive die Sohlen drehen, sondern die Knie. Und für eine seitliche Drehbewegung sind Knie nicht ausgelegt. Auch hier half mir Triggern, Tapen und Physiotherapie. Pausiere, wenn du Schmerzen hast. Und vermeide Tanzveranstaltungen mit schlecht gepflegten Böden.

Das gleiche Problem wirst du haben, wenn die Sohlen deiner Schuhe nicht gleiten. Abhilfe schafft Talkum, das der Veranstalter üblicherweise stellt. Frag danach. Nasse Sohlen gleiten ebenfalls nicht. Vermeide es, mit Tanzschuhen nach draußen zu gehen, und achte auf verschüttete Getränke!

Manchmal gibt es die Möglichkeit, im Freien zu tanzen. Das ist romantisch, für Hüften und Knie jedoch nicht optimal. Steinboden gibt nicht nach. Deshalb tanze nur mit gut gepolsterten Schuhen.

*26*

# Drück auf die richtigen Knöpfe

Wenn du dich nicht spürst, weißt du nicht, was du machst. Deshalb schenke ich dir ein paar einfache Knöpfe, über die du ins Spüren kommst und den Energiefluss in deinem Körper regeln kannst. Das sind überaus wirkmächtige Übungen, unterschätze sie nicht. Entspanne dich und schenke dir ein Lächeln, das verstärkt die Wirkung. Achte dabei auf die subtilen Rückmeldungen deines Körpers. Wenn du Darmgeräusche hörst, sich vermehrt Speichel oder Tränenflüssigkeit bildet oder dir nach Seufzen zumute ist, zeigt dir dein Körper, dass er glücklich ist.

- **Ich-Punkt:** Du findest diesen Punkt genau dort, wo du mit deinem Finger hindeutest, wenn du »Ich« sagst. Edeltraud Breitenberger hat den schönen Satz geprägt: »Die Brust betritt zuerst den Raum.« Wie ist das bei dir? Lege deine Hände auf dein Dekolleté und lass sie dort einfühlsam und sanft zwei Minuten verweilen. Das hilft bei Schuldgefühlen, emotionalen Verletzungen und aufgestautem Groll. Zudem ist das ist ein Punkt, mit dem wir Kontakt zu unserem Gegenüber aufnehmen. Frage dich: »Wie weit bin ich bereit, mich zu öffnen?«

- **Punkt der Verbindung - Ein Punkt, der dich in den Fluss bringt:** Er liegt genau gegenüber von deinem Ich-Punkt auf der Brustwirbelsäule dort, wo dich dein Tanzpartner in der geschlossenen Haltung umarmt. Von hier aus beginnen die Verdrehungen für Ochos und Voleos. Dieser Teil der Brustwirbelsäule ist häufig verhärtet. Schenke diesem Energietor vermehrt Aufmerksamkeit. Massiere die Stelle, indem du deinen Rücken an die Wand lehnst. Dieser Punkt hat viel mit Anschmiegsamkeit zu tun. Interessant: Der Verbindungs-Punkt hilft bei allen Formen von Fußbeschwerden und beim Prozess, sich selbst zu verstehen.

- **Jadekissen:** Du findest den Punkt mit dieser wunderschönen Bezeichnung an deinem Nacken an der Übergangsstelle zum Schädelknochen. Mit regelmäßigen Massagen kannst du viel für dein Wohlbefinden und für Entspannung sorgen. Dein Kopf ist der schwerste Körperteil. Wenn du deinen Kopf hängen lässt, aber auch, wenn du ihn in den Nacken wirfst, wirst du hier Verspannungen spüren. Das gilt ebenso beim Tanzen, wenn du Kopf an Kopf tanzt und sich das nicht gut anfühlt. Entspanne diesen Punkt. Richte deinen Blick beim Tanzen nach vorne. Neben einer schönen, langen Nackenlinie, bringt ein freier Energiefluss durch diesen Punkt Präsenz und hilft Ideen in die Tat umzusetzen, vielleicht neue Beinverzierungen?

- **Schulterbrunnen - überflüssiges Gepäck loslassen:** Du findest diese Punkte jeweils am Nacken in der Mitte zwischen Schulter und Hals. Die Stellen, an denen du das Gewicht eines Rucksacks spürst. Es gibt kaum jemanden, der hier keine Verspannungen hat, laden wir doch an dieser Stelle unser Joch, unseren emotionalen Ballast auf uns. Umso wichtiger ist es, dass wir viel Aufmerksamkeit auf die Schulterbrunnen richten. Schultern kreisen lassen, massieren, Hände hinter dem Körper verschränken, sind Möglichkeiten, zu entspannen und natürlich das Schütteln. Während du dich duschst, stell dir vor, dass du unter einem Wasserfall stehst. Lass dir von einem Physiotherapeuten oder Fitnesstrainer zeigen, wie du den Arm heben kannst, ohne dass der Nackenmuskel sich hebt. Energietor gegen Schulter- und Beinbeschwerden. Auf mentaler Ebene schafft er mehr Klarheit und Entschlusskraft.

- **Kniekehlen:** stehen für Zuversicht.
  Sind sie zu sehr gebeugt, wird die Energie blockiert wie bei einem Knick in einem Wasserschlauch.

- **Ellenbeugen:** Hier fließt die Energie vom Herzen zu den Händen und in einer Umarmung zum Partner. Sind die Ellenbeugen zu stark angewinkelt, ist der Fluss unterbrochen und die Energie tröpfelt nur spärlich. Eine »herzliche« Umarmung ist mit stark angewinkelten Ellenbogen nicht möglich. Dieses Energietor hilft dir, deinen eigenen Standpunkt zu finden, zu vertreten und das innere Gleichgewicht zu wahren. Auf das Tanzen übertragen stabilisierst du deine Achse.

- **Sprudelnde Quelle:** eine der wichtigsten Energiepforten. Du findest sie auf deiner Fußsohle, mittig direkt hinter deinen Zehenballen. Deine Fußsohlen dienen als Blitzableiter bei Stress. Von hier aus kannst du dich erden, wenn du zu sehr im Kopf bist, und abgeben, was dich belastet. Gleichzeitig nimmst du Energie auf. Das Pendant findest du an deinen Handinnenflächen. Alle Punkte aktivierst du durch Massagen, sanftes Reiben oder durch Auflegen einer Hand.

- **Stirnmitte:** Schmerzen und
  Anstrengung sieht man. Sorgen und Falten kannst du mit deinem Handrücken wegwischen, als würdest du dir nach einem Tennismatch den Schweiß von der Stirn wischen wollen. Lege deinen rechten Handrücken sanft auf die Stirn und wische nach rechts. Wechsle die Hand und wische nach links. Fahre damit im Wechsel für 30 Sekunden fort.

- **Hier noch ein Ninja-Kosmetiktipp:** Lasse eiskaltes Wasser ins Waschbecken laufen. Tauche zwei Kosmetikschwämmchen ein und »patsche« für etwa eine Minute die Schwämmchen immer wieder auf Gesicht und Dekolleté. Die Kombination der sanften Schläge mit dem kalten Wasser bringen die kollagenen Fasern auf Trab.

Einen dieser Punkte zu »drücken« wirkt wie das Anstoßen eines Mobiles: Bewegst du einen Teil, hat das Einfluss auf alles. Deshalb ist es egal, wo du anfängst, du gewinnst immer, wenn du deinen Körper aufweckst.

# 27

# Sinnliches Tanzen fängt im Alltag an

Wenn ein Tanz schön aussieht, liegt das nicht so sehr an der Technik und an spektakulären Figuren. Im Vordergrund steht eine Tänzerin, die zu sich steht. Das hat mit Selbstwertschätzung zu tun. Wenn du im Alltag vielleicht erfolgreich und taff bist, beim Tanzen darfst du eine andere Rolle einnehmen. Hier musst du nicht perfekt sein. Erlaube dir mehr Spielraum in deinen Gedanken. Du darfst alles gelassener angehen. Spüre nach, wie sich diese Sätze anfühlen. Gerade im Tango habe ich gelernt, dass hundertprozentig zu sein, mechanisch aussieht, eine gewisse Lässigkeit jedoch den Genuss steigert. Statt mit dem Fuß eilfertig übers Parkett zu wischen, sind eine laszive Trägheit; ein Radieren mit der Sohle und gerade noch auf den Takt ankommen ein völlig anderes Erlebnis – für beide.

Warten lernen ist für viele Frauen und vor allem Mütter schwer. Wir sind es gewohnt, alles sofort zu erledigen. Beim Tanzen kommt das gar nicht gut. Zwei Jahre bin ich meinem Mann vorausgelaufen. Das führte zwangsläufig zu Konflikten. Zum einen war ich nicht geduldig genug, um zu warten, bis ich einen Impuls spürte und dann erst zu folgen. Zum anderen wollte ich mich selbst einbringen. Führen kann aber nur einer, wie ich zugeben musste.

Meine Fußbeschwerden verschafften mir eine unfreiwillige Auszeit. Die Tanzpause gab mir aber auch Gelegenheit, mich mit meiner Rolle näher zu beschäftigen. Wie du eingangs schon lesen konntest, sind Probleme immer auch Geschenke. Ich habe die starke Frau, die im Beruf immer noch besser als die Männer sein wollte, losgelassen und habe angefangen, mich mehr zu spüren und auch Gefühle an mich heranzulassen. Statt schneller, besser, höher war Tiefe angesagt. Ich habe in dieser Zeit, die von Schmerzen geprägt war gelernt, mich einzulassen. Immer weniger mechanisch zu machen und stattdessen alle Sinne einzuladen.

»Die Küche ist zum Tanzen da«, las ich neulich auf einer Postkarte. Ich möchte dich dazu einladen, dich auch im Alltag mehr zu erleben. Gerade körperliche Beschwerden stellen sich meist erst dann ein, wenn wir viele Signale vorher nicht wahrgenommen haben. Komm aus dem Modus der Pflichtschuldigkeit, trau dich hinein in die Neugierde und Sinnlichkeit. Erfinde dich neu, lerne zu genießen, wo du bisher nur Pflicht gesehen hast, und triff mutige Entscheidungen. Dann wirst du nicht nur den Tango, sondern dein Leben tanzen.

# 28

# Übungen für deine Füße

- **Einbeinstand:** Bei jedem Schrittwechsel und erst recht bei Verzierungen brauchst du einen sicheren Stand. Dies kannst du gut üben, indem du dich auf ein Bein stellst. Lies dazu die Anregungen in Kapitel 14 über die Verwendung von Bällen. Ansonsten ist Wackeln okay! Das ist ein gutes Zeichen, dass sich dein Körper organisiert und lernt. Eine gute Möglichkeit zu üben ist der Baum, den du vielleicht aus dem Yoga kennst. Hier ist die Hüfte jedoch offen, das macht sich beim Tango nicht so gut. Schließe deine Hüfte. Dazu richte dein Knie statt zur Seite, nach vorne über die Zehen deines Standbeins aus. Dabei kannst du tänzerisch mit deinem freien Fuß am Standbein hoch- und hinunterstreichen. Kräftigt deine gesamte Fußmuskulatur und deinen Beckenboden.

- **Fußfessel:** Binde ein Theraband eng um deine Fußknöchel. Achtung: wenn du nicht stabil stehst, halte dich fest. Gegen den Widerstand gleite mit dem Spielbein wie für einen Schritt zur Seite, nach vorne und hinten. Dabei hält die große Zehe immer Kontakt zum Boden, während der kleine Zeh leicht vom Boden abhebt. Diese Übung verfeinert deine Technik, bringt mehr Spannung in deinen Tanz und Bewusstheit in deine Beine. Sie hilft dir dabei, lange Schritte zu tanzen und erinnert dich daran, dass die Oberschenkel und Knie beim Gehen Kontakt haben sollen.

- **Westerngirl:** Dazu stellst du dich in einen gut beckenbreiten Stand. Beuge deine Knie und positioniere sie jeweils über deinen mittleren Zeh. Nun greife entschlossen rechts und links in deine »Pistolenhalfter«, dabei entfernen sich deine Schultern von den Ohren, dein Nacken wird lang, dein Blick ist fest nach vorne gerichtet. Begleite das mit einem kräftigen »Fffff«, damit spannst du auf natürliche Weise deinen Beckenboden und die Bauchmuskulatur an. Spüre deine Kraft. Wenn du dich nun aufrichtest und deine Beine streckst, befinden sich deine Knie nach wie vor direkt über deiner mittleren Zehen. Dadurch spürst du eine spiralige Verschraubung in deinem Körper. Mit dieser Übung erdest du dich, bekommst eine gute Körperspannung und richtest deine Längsgewölbe an der Fußsohle auf. Gut gegen Knick-Senkfuß.

- **Wasserträgerin:** Mit der Aufrichtung aus der Westerngirl-Übung stehst du wie eine wunderschöne, stolze Frau. Stelle dir vor, wie du einen Krug mit Wasser auf deinem Kopf balancierst. Dein Blick ist in die Ferne gerichtet. Spüre deine Aufrichtung. Später kannst du auch mit einem schweren Kissen oder Ähnlichem auf dem Kopf üben und wie eine Königin schreiten. Diese Übung bringt dir Körperbewusstsein und einen eleganten Gang.

- **Wasserschlauch:** Wenn du deinen Garten mit einem Schlauch wässern willst, drehst du den Wasserhahn auf. Dann musst du nur noch den Strahl ausrichten und dich vergewissern, dass kein Knick im Schlauch ist. Der Schlauch entspricht deinen Knochen. Ober- und Unterschenkel oder die Zehenstrahlen im Fuß und alle kleinen Zehenknöchelchen bis zu den Zehenspitzen. Das Wasser steht für deine Energie. Und das Ziel, das du ansteuerst, ist deine gedankliche Ausrichtung: Länge und Durchlässigkeit. Versuche nun Energie (Wasser) durch deine Schenkel über das Knie (kein Knick!) und deine Unterschenkel bis zu den fünf Zehenspitzen deines Fußes zu schicken. Gib deinen Beinen und Zehen Länge. Setze dich dazu mit ausgestreckten Beinen auf den Boden. Gut bei verformten Zehen. Hilft vorbeugend gegen Arthritis und ist eine hervorragende Konzentrationsübung.

- **Sprunggelenke stärken:** Stelle dich hüftbreit hin. Fange an, mit deinem Körper sanft von Seite zu Seite zu schwanken. Dann vor und zurück. Dabei achte darauf, dass deine Zehen entspannt bleiben. Wenn das klappt, kannst du kreisen. Spüre, wo du jeweils deine Füße belastest. Bitte nicht mit dem Becken kreisen, die Bewegung kommt alleine aus deinen Sprunggelenken. Deine Knie sind gestreckt. Genieße diese langsamen Kreise. 36mal zur einen und dann in die andere Richtung. Die Übung ist eine Meditation, wirkt sich harmonisierend auf alle Organe aus, kräftigt und entstresst deine Sprunggelenke. Wenn du hohe Absätze trägst, wirst du die Flexibilität und Stabilität die du aus dieser Übung mitnimmst, zu schätzen wissen.

- **Hast du mal einen Euro?** Lege Münzen oder Knöpfe auf den Boden und versuche, sie mit deinem Fußgewölbe zu greifen und hochzuheben. Deine Zehen bleiben dabei entspannt. Damit lernst du verkümmerte Muskeln wieder anzusteuern, stärkst dein Quergewölbe und verhinderst Zehenkrallen.

- **Hand und Fuß:** Deine Hände sind mit deinen Füßen energetisch eng verbunden. Spreize zum Beispiel deine Finger und du wirst merken, dass dich dadurch auch deine Zehen inspirieren lassen. Hebe nur die großen Zehen und lasse alle übrigen auf dem Boden und andersherum. Spiele mit den Zehen Klavier und lasse dir durch deine Hände helfen. Auch die »Euro-Übung« wird dir dadurch besser gelingen, wenn du eine Münze mit dem Handteller hochsaugst und deinem Fuß damit zeigts, was er machen soll.

Wenn du Tangoschuhe trägst, sollten sich für eine elegante Bewegung die Knie und inneren Fußknöchelchen »küssen«. Wenn du hier kein Bewusstsein und zusätzliche Körperspannung aufbringst, kommen deine Knie ins X-Bein. Du schwächst damit deinen Beckenboden und deine Haltung sieht verschämt aus. Ähnliches gilt für die Berührung der Knöchel. Damit rutschst du leicht in eine

Knickfußstellung, das bedeutet, die Innenseite deiner Fußsohle senkt sich und das Gewölbe flacht ab.

Bei allen Verzierungen ist es wichtig, dass du dir im Klaren darüber bist, dass diese Haltungen und Bewegungen nur im Tangomodus Sinn machen. Unser Körper ist nicht dumm. Wir können ihm sehr genau zu verstehen geben: »Jetzt tanze ich Tango und brauche diese Fußstellung für Adornos, und jetzt bin ich am Arbeitsplatz und stehe mit beiden Beinen fest auf dem Boden und in meiner Kraft.« Wenn du dir dessen bewusst bist, kannst du gegensteuern. Liebevolle Aufmerksamkeit und Kraft durch Präsenz in deinen Füßen gleichen das aus und machen deinen Tanz besonders.

Essentiell beim Tanzen und überhaupt beim Gehen ist, dass du lernst, deine Zehen zu entspannen. Denke auch in Tanzpausen an die Übungen. Du kannst sie mental ausführen oder deine Füße trotz Schuhen minimal bewegen.

# Nachwort

Was macht der Tango mit uns? Und was machen wir Frauen aus dem Tango für uns?

In den letzten Monaten meiner Ausbildung zur Tanzpädagogin begann ich, anders auf die Bewegungen der Menschen zu schauen. Auch meine eigenen Bewegungen nahm ich anders, bewusster wahr. Mir fiel auf, dass sich meine Befindlichkeit veränderte, wenn ich darauf achtete, aufrecht zu gehen, oder welchen Unterschied es machte, ob ich mit geraden oder mit hängenden Schultern meines Weges ging.

Ich schaute zurück in die Geschichte der Tanztherapie, blickte auf ihre Pionierinnen: Trudi Schoop (1903 – 1999), Anna Halprin (•1920 ), Marian Chace (1896 – 1970). Allen gemeinsam war, dass keine von ihnen therapeutisch arbeiten wollte. Anna Halprin war Tänzerin, erst durch ihre eigene Krebserkrankung erfuhr sie unmittelbar die heilende Wirkung des Tanzens. Ihre gemalten Ganzkörperbilder im Sinne eines Selbstportraits, die sie anschließend tänzerisch gestaltete, setzten tiefe Heilimpulse frei. Noch als 89-Jährige machte Anna Halprin mit alten Menschen einen Tanzworkshop, in dem sie verloren gegangene Energien wieder zum Leben erweckte. Trudi Schoop hatte eine glückliche Kindheit, aber zugleich hielten sie unfassliche Ängste gefangen. Als Sechsjährige sperrte sie sich stundenlang in das Musikzimmer ein, legte Platten auf und begann, sich instinktiv zur Musik zu bewegen. Es wurden Stunden großen Glücks. Vergessen waren die Ängste und Zwänge. In ihrem Buch sagt sie über diese Zeit, dass sie sich gesund tanzte und diese Erfahrung bewog sie, später mit psychotischen Menschen zu tanzen. Marian Chace arbeitete in der Psychiatrie vor allem mit Gruppen. Für sie ist der Tanz ein Mittel zur Kommunikation und ein Medium für den subjektiven Gefühlsausdruck.

Schmerzen und Konflikte sind im Körper durch Störungen der Körperform und des Körperausdrucks repräsentiert. So geht es in der Tanztherapie darum, über Bewegungen, oft mit Musik, Stimmungen zu verändern und auf psychischer und körperlicher Ebene Heilung herbeizuführen.

Wenn wir die Geschichte des Tanzes weiter zurückverfolgen, stellen wir fest, dass seine heilende Wirkung schon in der Zeit vor Christus bekannt war. Platon erklärte den Tanz als Gabe der Götter an die Menschen.

Wenn wir also den Tango für uns entdecken, nehmen wir ein großes Geschenk an. Damit sollten wir gut und sorgsam umgehen. Wir halten einen Schatz in unseren Händen.

Es macht einen großen Unterschied, ob wir mit aufrechtem Gang die Milonga betreten oder ob wir mit hängenden Schultern unseren Platz einnehmen. Es fühlt sich anders an, wenn wir uns Zeit geben, um anzukommen in der Milonga, oder ob wir schnellstmöglich auf die Piste wollen. Wir sollen uns bewusst sein, welche innere Haltung wir haben, wenn wir auf den ersten Tanz warten. Bin ich neugierig und entspannt oder setze ich mich unter Druck, weil die ersten Tänze an mir vorbeigegangen sind? Im zweiten Fall – und das hat schon jede Frau erlebt – wird unser Körper die entsprechende Botschaft aussenden. Sehr oft erhalten wir dann die passende Resonanz, wir tanzen nicht.

Bei meinen Reisen nach Buenos Aires habe ich ein Phänomen beobachtet. Die Argentinierinnen betreten den Raum wie eine Königin und sie verlassen ihn wie eine Königin. Sie sind entspannt. Sie nehmen Platz, wechseln in aller Seelenruhe ihre Schuhe und lassen dann ihre Blicke schweifen. Sie beobachten, lächeln und warten ab – denn sie wollen ja mit den besten Tänzern tanzen. Sie wählen aus.

Was ich von den älteren Damen (Frauen, die bis ins hohe Alter wunderbar Tango tanzen) gelernt habe: sie tragen mit einer Selbstverständlichkeit ihre Tanktops, ihre rückenfreien Kleider, ihre Miniröcke – es gibt keine imaginäre Grenze im Kopf. Sie sind Frau bis zum Schluss. Und ihre Männer lieben sie dafür.

Vielleicht liegt es an den Piropos (blumige Komplimente), die die argentinischen Männer so gerne verteilen, dass ihre Frauen sich so weiblich und feminin geben. Die argentinischen Frauen erfreuen sich daran, vielleicht erwarten sie es auch ein bisschen – sie genießen und nehmen vieles nicht allzu ernst. Tun wir es Ihnen gleich, werden wir gelassener und erfreuen uns unserer Weiblichkeit. Und genießen es, wenn wir ein Kompliment, ein Danke für eine schöne Tanda bekommen.

Achten wir auf unsere innere Haltung und auf unsere Bewegungen, denn der Körper lügt nicht. Achten wir auf das, was wir von uns und den anderen denken, denn unsere Augen lügen nicht. Dann erhalten wir auch die Belohnung!

Ich habe mit Freude das Nachwort zu diesem schönen Buch geschrieben. Wenn wir es auf einer Metaebene sehen, gibt uns der Tango und die Beschäftigung damit die Aufgabe, über uns und unser Selbstverständnis nachzudenken. Darüber schreibt Birgit Faschinger-Reitsam in einer einfühlsamen und ehrlichen Sprache. Es geht um nichts anderes als um die Liebe zu uns selbst. Die Autorin ist ihren persönlichen Weg gegangen, auch durch Schmerzen, und lässt uns daran teilhaben. Als Tangotänzerin kann ich mitfühlen, was es heißt, nicht mehr tanzen zu können, weil die Füße nicht mehr mitmachen. Daraus entstanden ist dieses wunderschöne Buch, das uns Mut macht, anspornt und ein wertvoller Begleiter sein kann in unserem ganz persönlichen Tangoleben.

Brigitte Reuter, Tanzpädagogin München, August 2016

Ich bin keine Amazone und
keine scharfe Schnitte und
schon gar keine Hascherl.
Wenn schon, dann bin ich
Heldin oder Zauberin.
Meinetwegen auch Muse
oder Amme.
Am liebsten aber bin ich:
ich selbst.

# Über die Autorin

Um in der männlich geprägten Versicherungswelt erfolgreich zu sein und sich als Frau zu behaupten, erlaubte sich Birgit Faschinger-Reitsam immer wieder kleine Fluchten. Vor vielen Jahren ließ sie sich zum Beispiel nebenbei zur Kosmetikerin und Fußpflegerin ausbilden. Nichtsahnend, dass sie damit einen roten Faden spann, der sehr viel später zu ihrer Berufung führen sollte. Mittlerweile bloggt die Autorin unter www.Draufgängerin.de für Frauen, die sich spüren wollen – sei es barfuß oder auf hohen Hacken.

In ihren bisher weit über 50 Blogbeiträgen lässt sie ihre langjährige Erfahrung aus ihrer Yogapraxis und taoistische Körper- und Visualisierungsmethoden einfließen. Körpersprache, Bewegungslehren und Energiearbeit übten schon immer eine große Faszination auf sie aus. Ebenso die Kunst, durch die sie sich beim Aktzeichnen und der Holzbildhauerei einen anderen Blick auf den menschlichen Körper erarbeitete.

Über The Deepening von Jai Kartar (UK) und Awakening Women – Chameli Ardagh (USA) – gewann sie tiefen Einblick in uralte Methoden, die lehren, wie eine Frau sich ihrer inneren Schönheit und Weiblichkeit erinnert und ein Strahlen erzeugt, das weit über körperliche Schönheit hinausgeht.

Weibliche Kraft, Würde und Hingabe sind auch im Tango gefragt. Tango hat Birgit Faschinger-Reitsam letztlich auf die Probe gestellt. Über ihre Fußschmerzen und seelische Pein, scheinbar ausgebremst und zurückgeworfen zu sein, fand sie zu ihrer Aufgabe: Unseren vernachlässigten Füßen den Stellenwert zu geben, den sie verdienen.

**Bonus**

Mehr Tipps und AHA-Erlebnisse bekommst du auf meinem Blog: www.Draufgängerin.de.
Unter http://www.draufgaengerin.de/tango/ findest du weitere Informationen über Tango und Tanz.

# Glossar

**Adornos:** Verzierungen, Beintechnik.

**Folgen und Führen:** In Buenos Aires führen bei traditionellen Milongas nur Touristinnen, da Frauen Angst haben, danach nicht mehr von Männern aufgefordert zu werden. Dabei liegen genau hier die Wurzeln des weiblichen Führens. Höhere Töchter wurden sittsam von Müttern und Tanten in den Tanz eingeweiht. Wegen extremen Frauenmangels zur Zeit der großen Einwanderung war es auch normal, dass Männer mit Männern tanzten. Mittlerweile gibt es eine wachsende queere Tango-Szene und schwul-lesbische Milongas. Wenn Männer »folgsam« sind und Frauen führen, hat dies die verschiedensten Gründe; es bereichert den Tango.

**Milonga:** Tangoveranstaltung.

**Ochos:** Figur aus einem Schritt und einem Pivot (Drehen auf dem Fußballen). Durch die Wiederholung entsteht sowohl in der Beckenbewegung als auch auf dem Fußboden die Form einer Acht.

**Planeo:** Halbkreis mit dem Fuß auf dem Boden.

**Tanda:** Folge von meist vier Tanzstücken, nach denen ein Partnerwechsel erfolgt.

**Voleo:** geführte Beintechnik, »fliegendes Bein«.

## Danksagung

Ich bedanke mich bei Katharina Borst und Thomas Rogal von der Fußschule München, Rita Caldas, Edeltraud Breitenberger, Sonja Zepner, Helga Seyb und Brigitte Reuter für die aufschlussreichen und spannenden Interviews. Lavinia Lazar und Sabrina Courtial haben mich ermutigt und unterstützt. Sabine Paul und Cornelia Rüping brachten das Buch in Form.

Bildnachweis und Copyright:

Umschlaggestaltung und Layout:
Sabine Paul, paulgrafik@gmx.de

Bildnachweis:

Umschlagfoto: www.christine-wawra.de, sabine paul

Bilder im Innenteil:

Seite 12: Sabine Paul
S. 33: Katharina Borst. Fotograf: Felix Minusspietz Fischer
S. 39, 49, 67, 85, 87, 93: Pixabay
S. 43: Rita Caldas. Fotografin: Anita Koller
S. 57: Edeltraud Breitenberger. Fotografin: IMAGEFOTO:
©www.orhideal-image.com,
S. 69: Sonja Zepner. Bild privat
S. 75, 101, 113: www.christine-wawra.de
S. 95: Helga Seyb. Fotograf: Michael Tausch
S. 9, 19, 27, 37, 53, 63, 79, 105: privat

Das Werk, einschließlich seiner Teile, ist urheberrechtlich geschützt. Jede Verwertung ohne Zustimmung der Autorin ist unzulässig. Dies gilt insbesondere für die elektronische oder sonstige Vervielfältigung, Übersetzung, Verbreitung und öffentliche Zugänglichmachung.

Bibliografische Information der Deutschen Nationalbibliothek: Die Deutsche Nationalbibliothek verzeichnet diese Publikation in der Deutschen Nationalbibliografie; detaillierte bibliografische Daten sind im Internet über http://dnb.d-nb.de abrufbar.